U0068022

小球大世界

金竟仔、嘉安、老溫、破風　合著

天空數位圖書出版

目錄

目錄

目錄

目錄

帕達尼亞

剛過去的歐洲盃相信令不少球迷看得如痴如醉，尤其是義大利再次奪冠令不少粉絲感到興奮。不過另一支來自義大利國內的球隊早於 2017 年便拿到歐洲冠軍，那就是以義大利北部為基地的帕達尼亞。

「帕達尼亞」（Padania）這個地理名詞在 1960 年代才出現，覆蓋範圍幾乎包括整個義大利北部，米蘭、都靈、熱那亞、維羅納和威尼斯等國際知名都市都在她的「版圖」內，所以帕達尼亞也是掌握了義大利的經濟命脈，導致該區有相當強烈的獨立意識，當地民調指出超過四成民眾支持帕達尼亞獨立。正因如此，帕達尼亞也在 2000 年代組成「國家隊」，由於不是獲國際承認的主權獨立地區，所以沒有成為國際足聯成員，只從 2008 年起參與非國際足聯組織舉辦的 CONIFA 世界盃和歐洲盃。

雖然在政治原因之下，在當地出生的知名球員比如是 Federico Chiesa 和 Manuel Locatelli 等是不會參與帕達尼亞「國家隊」的比賽，不過義大利北部地區始終是足球盛行的地方，所以就算只有一些效力義丙和義丁聯賽的球員「為國效力」，帕達尼亞在非國際足聯的世界還是有力爭奪錦標的強隊。帕達尼亞在 2008 年首次參與 VIVA 世界盃便以 5 戰全勝成績奪得冠軍，及後兩年在已退役的前 AC 米蘭前鋒 Maurizio Ganz 助拳之下成功衛冕，完成三連霸偉業。非國

際足聯組織在 2015 年首次舉辦歐洲盃，結果帕達尼亞甫一參賽便成為冠軍，兩年後也衛冕成功。

　　不過隨著非國際足聯的賽事有愈來愈多來自世界各大洲不被國際社會廣泛承認的「代表隊」參賽，帕達尼亞近年在非國際足聯足壇的統治地位也不如以往。在 2018 年 CONIFA 世界盃上，帕達尼亞有曾經與 Roberto Baggio 在布雷西亞成為隊友的前立陶宛國腳中衛 Marius Stankevicius 壓陣，也在四強賽不敵北塞普勒斯只能奪得季軍。而在 2019 年 CONIFA 歐洲盃上，帕達尼亞在小組賽沒能晉級，在名次賽也輸給來自亞美尼亞的阿爾察赫（Artsakh）只得第 6 名。當義大利國家隊成為歐洲冠軍之時，帕達尼亞地區的「代表隊」則跌至建隊以來的最低點，等待重拾昔日光輝。

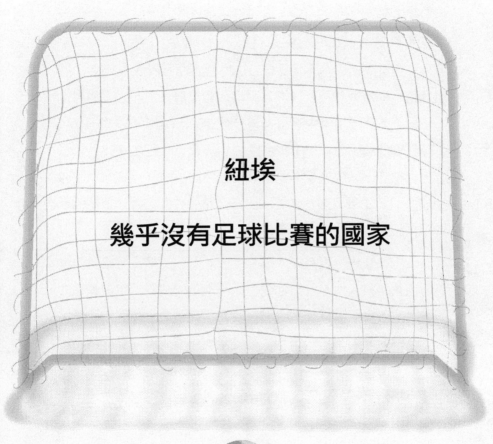

紐埃

幾乎沒有足球比賽的國家

世界之大可說是超乎人類想像，有些國家或許不是接觸足球的話根本無法知悉，位於紐西蘭以北 2,400 公里的大洋洲島國紐埃（Niue）便是一例。

這個人口只有不足 2,000 人，全國面積比台北市還小的國家，最近竟然被大洋洲足聯取消會員身分，原因是紐埃足協已跟大洋洲足聯中斷了連繫接近 30 年！雖然紐埃從 1974 年便跟紐西蘭成為自由聯合關係的國家，而且在 1983 年派出國家隊出戰南太平洋運動會足球項目，可是分別以 0 比 14 和 0 比 19 慘敗在塔希堤和巴布亞新幾內亞之後，這個國家便再沒有參與任何國際賽。

由於紐埃從沒有加入國際足聯，所以自然沒資格參與世界盃資格賽。可是縱然他們是大洋洲足聯成員，也沒有參與大洋洲國家盃資格賽。紐埃在 1985 年也成立過國家聯賽，而且一度發展為三個級別的聯賽，可是後來縮減至只有一個級別，而且還在 2011 年便解散了，所以這個國家在最近 10 年幾乎沒有任何官方記載的足球運動進行。而且據當地足協的文獻記載，足協每年都欠大洋洲足聯 200 美元，估計是欠交的會員費。

因此大洋洲足聯在今年 3 月引用會章，決定取消紐埃的會員身分，不過官方聲明指紐埃正籌備組織新的足球機構，並隨時歡迎他們重新申請入會。

肯雅

在剛過去的奧運會上，傳統長跑大國肯雅再次毫無懸念的包攬男、女子馬拉松金牌，延續他們的馬拉松帝國地位。不過這個東非國家的人民並非只是懂得跑馬拉松而已，他們的男子足球代表隊在東非區也是實力不錯的球隊。

肯雅由於是前英國殖民地，所以相比起世界大部分國家或地區，足球運動在肯雅落戶的時間比較早，在 1926 年還是大英帝國領土的時候便成立代表隊，首場有正式紀錄的國際賽便以 1 比 1 打和同樣是英國殖民地的烏干達。雖然足球是肯雅的主流運動，發展卻不算很好，從 1974 年世界盃資格賽首次參與以來，一直都沒能打進世界盃決賽圈，至於非洲盃則在 1972 年首次參與決賽圈賽事，雖然首場賽事便以 1 比 2 不敵地主國喀麥隆，不過在後來兩場比賽都打和馬利和多哥，最終排名小組第 3 名。肯雅及後也參與過五屆非洲盃決賽圈，可惜全部都沒能在小組賽出線，在明年舉行的非洲盃決賽圈，肯雅也因為不敵東非島國葛摩（Comoros）而失去參賽資格。

肯雅雖然沒有顯赫的國際賽成績，不過也出現過值得提及的球星。Dennis Oliech 以 34 球成為國家隊史上進球最多的球員，這名已退役的前國腳在 2005 年起加入南特，後來效力歐塞爾和阿雅克肖，在法甲征戰了十年。往後肯雅也出現過效力南安普頓和托特勒姆熱刺，現在轉戰美職聯的熱血中場 Victor Wanyama，他跟目前效力卡達球隊 Al Duhail 的

高大前鋒 Michael Olunga 是目前肯雅的支柱。Olunga 在
2019 年效力日本球隊柏太陽神的時候，曾經在對京都不死鳥
的比賽個人獨取 8 球，協助球隊以 13 比 1 狂勝，也成為日
本聯賽單場進球最多的球員。去年 Olunga 更以 26 個進球，
成為 J1 聯賽的金靴獎得主。另外比利時國腳 Divork Origi 其
實也是肯雅人，他的父親 Mike Origi 也是前肯雅國腳，以 17
個進球排在肯雅國際賽進球榜第 9 位，在比利時踢球的時候
誕下 Divork Origi，才令後者於比利時長大和受訓，最終放
棄代表祖國出戰，成為比利時在世界盃決賽圈史上最年輕的
進球者。

　　肯雅將會出戰今月末展開的世界盃非洲區第二輪資格
賽，小組賽對手是馬利、烏干達和盧安達，對手不算是很強，
如果能夠成為小組首名便可晉級，繼而跟其餘 9 組的首名球
隊的其中一隊進行兩循環賽事，只要在總比分勝出便取得世
界盃決賽圈入場券。若然肯雅能夠踢出超水準，再加上一點
運氣，或許下年冬天便看到肯雅出現在世界盃決賽圈的大舞
台。

南奧塞提亞

義大利在剛過去的歐洲盃擊敗英格蘭奪得冠軍，相信大家仍然記憶猶新。而在另一個平行時空下舉行的 CONIFA 歐洲盃，則因為疫情問題一再延期，最終決定取消今年的賽事，不過據說賽會不希望比賽就此取消，所以希望能夠在下一年復辦。在賽期仍然不明之下，來自東歐的南奧塞提亞（South Ossetia）將一直是另一個歐洲冠軍。

南奧塞提亞是東歐國家喬治亞北部與俄羅斯接壤的地區，該地區在蘇聯解體後納入為喬治亞領土，不過奧塞提亞人從一開始便不希望成為喬治亞的一部分，所以 1991 年便宣布獨立，可是一直不獲國際社會承認，及至 2008 年起才獲俄羅斯等 5 個國家承認和建交。從「獨立」至今，南奧塞提亞跟喬治亞的關係很差，甚至爆發過南奧塞提亞戰爭，雖然戰事在十二日後便平息，不過該地已經因此受摧殘，只能依靠俄羅斯走私物資渡日，而代價則是南奧塞提亞成為走私軍火和毒品的溫床。

南奧塞提亞足球隊就在這種背景下誕生，由於該地的獨立狀態不獲國際承認，所以只能從 2013 年起加入非國際足聯組織 CONIFA，參與 CONIFA 主辦的另類世界盃和歐洲盃。雖然南奧塞提亞球員大部分都只是效力本土球隊的球員，當中只有少數參與俄羅斯低級別聯賽，「國際賽」成績卻不俗。他們在 2014 年首次參與世界盃，首戰便以 19 比 0 大破非洲國家蘇丹的地區球隊達佛，而且最終以殿軍成績完成比賽。

到了 2019 年，南奧塞提亞第 2 度參與歐洲盃，在小組賽擊
敗兩大熱門球隊西亞美尼亞和帕達尼亞取得小組首名，然後
在四強戰互射十二碼擊敗希臘查梅尼亞的阿爾巴尼亞人隊。
南奧塞提亞在決賽再遇西亞美尼亞，在 12,000 名球迷見證下
以 1 比 0 勝出，成為歐洲冠軍並得以參與 2020 年 CONIFA
世界盃，可惜世界盃因疫情而停辦一屆，南奧塞提亞也跟其
他非國際足聯球隊一樣，仍然需要再等待下一次參賽機會。

復活島

之前跟大家介紹過澳洲的聖誕島也有足球代表隊，既然這個世界有聖誕島，當然有也復活島。復活島也是位於南半球，不過是屬於智利領土，位處智利以西的太平洋。由於勉強也算是南美洲的地方，所以復活島的足球活動比聖誕島活躍很多。

跟聖誕島一樣，復活島的名字由來也是因為來自歐洲的航海人員發現她的當天是相關節日。當地居民人數大約有 7,700 人，占六成是原住民，其餘則是歐裔智利人及他們與原住民通婚的混血後裔，因此當地是南美洲色彩很濃厚的地方，足球自然也是當地最受歡迎的運動項目。不過由於復活島與智利本土相距逾 3,000 公里，所以到了 1996 年才有正式的足球代表隊參與比賽，主要是參與智利國內的賽事，尤其是以原住民為主的盃賽。

2009 年 8 月 5 日對復活島足球來說是特別的日子，因為他們在那一年獲智利足協邀請參與智利盃，在首輪賽事便在主場迎戰豪門球隊科洛科洛。復活島隊隊員習慣在比賽前跳一些類似紐西蘭橄欖球比賽時跳的舞蹈，在對科洛科洛的比賽前自然沒有例外，對於科洛科洛球員來說看到這一幕也是覺得驚訝。當然雙方的實力有明顯差距，所以最終復活島吃了 4 隻光蛋，不過也算是珍貴的歷史片段。由於復活島參與智利盃也只此一次，所以這場比賽也是他們在國際足聯紀錄上的唯一比賽。

後來復活島參與智利原住民盃，在 2012 年的首屆賽事便以 3 勝 1 和不敗的成績奪冠，後來在 2013 和 2015 年兩屆賽事都獲季軍。智利原住民盃在 2015 年後沒有再舉辦，所以復活島隊再次出現在有紀錄在案的比賽已經是 2018 年的事。當年他們參與塔希堤舉行的一項邀請賽，結果在分組賽以 2 勝 1 和 1 負的成績排在小組第 3 名。到了 2019 年，復活島隊成為非國際足聯組織 CONIFA 的成員。雖然復活島隊的名字沒有出現在本來在 2020 年假北馬其頓舉行，後來因為疫情取消的世界盃參賽名單，CONIFA 世界盃在 2022 年能否復辦現在還是未知數，不過隨著復活島隊逐步走向世界，日後能讓世人看到他們在足球場踢球的機會肯定愈來愈多。

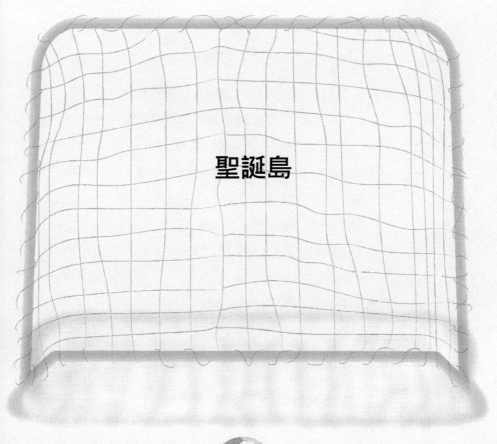

聖誕島

世界上任何角落都有人參與足球運動，證明足球運動的
吸引力有多麼大。位於印尼首都耶加達以南 500 公里的聖誕
島，雖然只是一個只有不足 2,000 人居住的小島，世界上知
道這個島存在的人也沒有很多，不過還是有他們的足球故事。

聖誕島在 1643 年由英國人發現，由於發現當天是聖誕
節，所以命名為聖誕島，從此歸屬大不列顛帝國的一部分。
在 1888 年，聖誕島歸由新加坡管治。直到 1957 年，澳洲從
新加坡手上奪得聖誕島的管治權，至此成為澳洲的海外屬地
至今。雖然聖誕島總面積是半個臺北市左右，不過島內絕大
部分地區是自然野生公園範圍，只有東北部一小部分平地是
民居，所以人口只有 2,000 人左右，在 2016 年人口普查的
資料顯示，當地人口已跌至只有 1,600 多人。雖然是澳洲領
土，不過華人卻是當地的最大居民族群，超過五份之一居民
是華人。在武漢肺炎疫情爆發後，聖誕島成為澳洲公民和中
國公民出入境之間的隔離地。

在足球方面，聖誕島只有一個符合規定的足球場，所以
所有十一人制的足球比賽都在這個球場進行。由於人口過少，
對外交通也不算發達，所以聖誕島一直沒有成為國際足聯、
亞洲足聯和大洋洲足聯的成員，也不是著名的非國際足聯組
織 CONIFA 成員。

根據有限的文獻資料記載，聖誕島的足球隊只是參與過
一項名為「島嶼盃」的賽事，這項賽事主要是聖誕島和同樣

是澳洲海外屬地的鄰居科科（基林）群島交手，聖誕島在1994、1997、1999、2004 和 2005 年的賽事都贏了冠軍。到了 2011 年，聖誕島足球隊參與「印度洋足球錦標賽」，雖然比賽有 10 支球隊參與，不過其實是聖誕島派出 A 隊和 B 隊參賽，其餘 8 支球隊都是來自科科群島。聖誕島 A 隊被視為奪冠熱門，可是在 4 強戰開始前選擇退出，原因是比賽比原定計劃延遲舉行，令聖誕島 A 隊隊長擔心隊員無法趕及乘坐航班回家所以退出。此後聖誕島繼續與科科島比賽，根據既有資料顯示，最近一次比賽已是 2017 年，還是聖誕島贏冠軍。鑑於疫情仍然影響全世界，恐怕聖誕島足球隊要繼續等待可以比賽的日子。

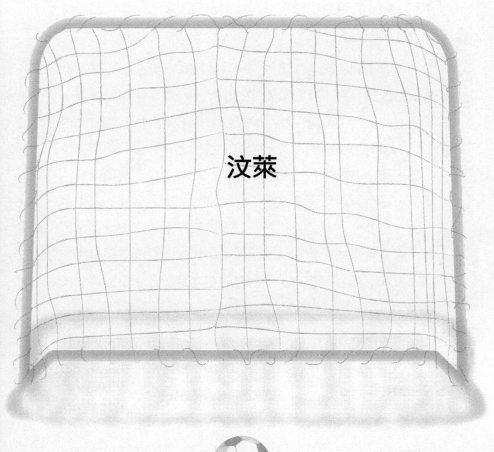

汶萊

世界足壇有兩個球會是以國號為名稱，他們是摩納哥和汶萊。相比起摩納哥幾乎只有球會沒有國家隊，汶萊國家隊的存在感還是好一點。

以奢華聞名的汶萊跟其他東南亞國家一樣，足球是當地最受歡迎的運動，所以早於 1956 年便成立足協和國家隊。不過當地的足球發展進度跟其他東南亞國家相比是緩慢很多，所以一直在區內沒什麼地位。當然他們對參與國際賽也不是很積極，雖說是 1969 年開始成為國際足聯成員，也不是每一屆世界盃和亞洲盃資格賽都參加，及至 2019 年舉行的世界盃亞洲區首圈資格賽，只是汶萊歷來第四次參賽，也是首次連續兩屆世界盃決賽圈都有參加。結果汶萊在首圈作客以 0 比 2 不敵蒙古，次回合雖然在主場以 2 比 1 取勝，不過總比分落敗出局，也因此無緣參與 2023 年亞洲盃資格賽。

不僅世界盃和亞洲盃都沒參與過決賽圈賽事，汶萊連在東南亞足球錦標賽都從來沒有打進決賽圈。汶萊國家隊歷史上能夠拿出來作看板的成績，第一是在 1999 年獲邀參與馬來西亞盃，結果在決賽以 2 比 1 擊敗砂拉越，史上首次獲得錦標。第二是在 2016 年亞足聯團結盃，他們在分組賽以 4 比 0 擊敗東帝汶成為小組次名，雖然在四強互射十二碼不敵澳門，繼而在季軍戰以 2 比 3 敗在寮國腳下，獲得賽事殿軍也算是成就。

相比起鮮有亮點的國家隊，以汶萊為基地建立的職業球會汶萊 DPMM 在東南亞足壇的名氣更響。由於汶萊國內至今還是沒有職業聯賽，所以汶萊足協在 2001 年成立 DPMM，首先是在 2005 年參與馬來西亞聯賽，四年後轉投新加坡聯賽的門下，首年已贏得新加坡聯賽盃，不過由於汶萊政府同年解散和重組足協，違反了國際足聯守則，所以參賽首年已經被新加坡聯賽會取消資格，連汶萊各級別國家隊和球會都不得參與國際足聯和亞洲足聯轄下的賽事，也導致汶萊沒有參與 2014 年世界盃資格賽。汶萊足協和 DPMM 遭禁賽接近兩年才獲解禁，DPMM 得以繼續參與新加坡聯賽，在 2012 年和 2014 年再次贏得聯賽盃，2015 年更成為新加坡職業聯賽冠軍。不過到了 2020 年爆發肺炎疫情後，由於汶萊政府全面封關，所以 DPMM 退出了新加坡聯賽，改為返回國內參與聯賽，由於汶萊只有他們是職業球隊，所以自然成為所向無敵的巨無霸，2021 年初踢了 6 場聯賽不僅全部贏球，而且還已經進了 58 球，只失了 1 球。不過由於疫情，本年度的聯賽只踢了 6 場便暫停，嘗試了數次復賽都不果，恐怕將是連續兩年沒有聯賽進行，對汶萊足球發展來說是相當大的打擊。

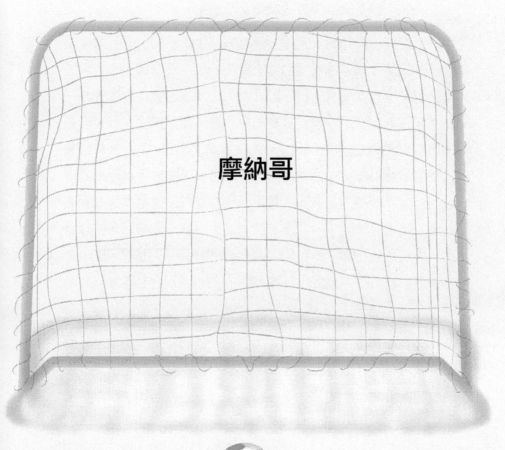

摩納哥

　　今天說的這一支摩納哥隊，並不是在法甲馳騁了多年的那一隊，而是貨真價實的摩納哥國家隊。

　　沒錯，摩納哥其實是一個獲國際社會承認，而且還有國王的國家。只是由於她的國土實在太小，只有台北市大同區的五分之二面積，人口不足 4 萬人，所以不僅成為歐洲唯一完全沒有獨立的本土足球賽事的國家，而且連國家隊也要在 2000 年才成立，取而代之就是以摩納哥為根據地，大家相當熟悉的那一支同名的法甲球隊，不過那一支法甲球隊根本就沒有摩納哥籍球員參與。摩納哥足協從來沒有考慮過加入國際足聯和歐洲足聯，加上戰鬥力實在太弱，連徵召足夠球員入伍也成為困難，因此不容易找到比賽對手。終於在 2001 年 6 月，他們在德國與西藏隊比賽，結果以 2 比 1 勝出。

　　摩納哥足協在 2003 年加入非國際足聯組織 NF 會，因此得以參與 2006 年 VIVA 世界盃，首戰本來是與位於喀麥隆南部的亞巴佐尼亞交手，不過因為對手碰上簽證問題沒能到達比賽場地，令摩納哥不戰之下以 3 比 0 勝出。摩納哥第 2 場比賽的對手是包含自己領土在內的法國南部地區球隊奧克西塔尼亞，結果以 3 比 2 勝出。到了第 3 場比賽，摩納哥遇上了來自北歐北部的薩米隊，結果以 1 比 14 慘敗。摩納哥在小組賽成為次名，由於當屆賽事只有 4 支球隊參賽，所以賽制是小組首兩名晉級決賽，可是摩納哥根本不是薩米隊

的對手，結果在決賽慘吞 21 隻光蛋，成為他們史上最大敗仗。

政治從來都是涉及體育之內，摩納哥國家隊便是明顯例子。由於 NF 會及後接受以義大利北部為根據地的帕達尼亞隊成為會員，帕達尼亞隊則是時任摩納哥皇儲，現在是國王的阿爾拔二世不承認的政黨支持，阿爾拔則是一手成立摩納哥足協和國家隊的人，所以摩納哥在 2010 年決定退出 NF 會，也因此再沒有參與非國際足聯組織舉辦的世界盃和歐洲盃。不過他們也沒有打算加入國際足聯，所以往後只是一直找梵蒂岡和科西嘉等鄰近地區球隊，以及歐洲球會的梯隊比賽。

曾經擔任總教練的 Thierry Petit 表示，符合為摩納哥國家隊上場的人實在太少，大約只有 60 人左右，而且幾乎全部都是在政府機關和賭場工作的人。加上後來根本無法約戰對手，所以自 2017 年跟梵蒂岡踢成 0 比 0 平手後，這幾年便一直沒有比賽。

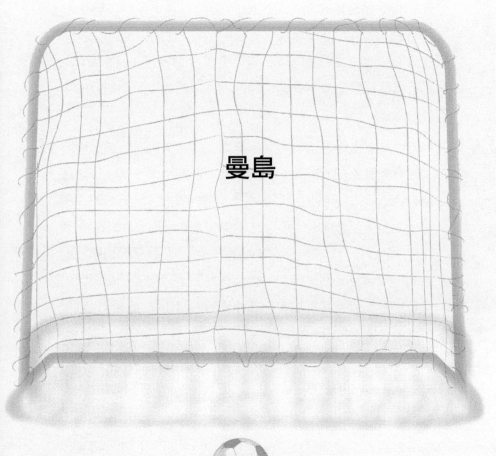

曼島

　　每當提起「Man」這個英文字，相信幾乎所有人都會首先想到的是它的意思－「男人」。如果放諸足球領域的話，「Man」就是曼聯和曼城所在地曼徹斯特的簡稱。除此之外，在政治和地理領域上也有一個「曼島」（The Isle of Man），而且它剛好是位於不列顛帝國的四個成員國以及愛爾蘭的中央位置。

　　由於曼島剛好位於英國及愛爾蘭的中央，所以自然也跟英國有相當深刻的關係。跟澤西和根西等島嶼一樣，以無尾貓（Manx）聞名於世的曼島在很早的時候便有足球運動，不過他們比澤西等島晚了很多才組織代表隊參與「國際賽」。曼島在 1990 年代才開始活躍於「國際賽」，先是參與島嶼運動會的足球項目，然後參與一項蘇格蘭、愛爾蘭和北愛爾蘭的業餘球員組成的國家隊有份參與的業餘四角賽，還在 2000 年一屆的決賽擊敗蘇格蘭奪冠。

　　2013 年是曼島足球歷史的分水嶺，以往曼島參與「國際賽」是派出曼島聯賽選手隊參與，即是隊員可是以其他國籍，不一定是曼島人。一個名為「曼島國際足球聯盟」的組織在這一年成立，並組成真正由純粹曼島人的球隊參與非國際足聯組織 CONIFA 舉行的世界盃。與此同時，曼島足協和曼島國際足球聯盟達成協議互相承認雙方的存在，甚至有若干合作計劃，所以真正的曼島人代表隊從 2014 年起參與 CONIFA 世界盃，與此同時曼島足協繼續組成曼島聯賽選手隊參與島

嶼運動會的足球項目。結果曼島在 2014 年 CONIFA 世界盃首屆參賽便打進決賽，跟法國的尼斯地區隊打和，最終互射十二碼落敗屈居亞軍；曼島聯賽選手隊則在 2017 年島嶼運動會足球項目決賽以 6 比 0 大勝格寧蘭，首次奪得冠軍。

可惜由於島嶼運動會在 2019 年取消足球項目，原定今年舉辦的一屆賽事因為肺炎疫情而取消，令曼島聯賽選手隊要爭取衛冕就至少要等到 2023 年一屆舉行才行。至於曼島在 2016 年因為當時的主辦地區，位於喬治亞的阿布哈茲政局不穩而退出 2016 年 CONIFA 世界盃。到了 2018 年一屆的 CONIFA 世界盃，曼島首兩場分組賽都贏球，可是在最後一場分組賽不敵來自索馬利亞的巴拉韋代表隊，結果同組 3 支球隊都是 2 勝 1 負，曼島在得失球差最差之下沒能晉級。曼島後來因為巴拉韋派出不符合參賽資格的球員上場，不過曼島上訴不果，於是憤而退出不參與排名賽，甚至退出 CONIFA。不過在 2019 年 1 月，曼島再次成為 CONIFA 成員。肺炎令曼島無法在原定去年舉行的 CONIFA 世界盃復仇，他們要再度參賽需要多等一些時日。

多明尼加

　　台灣的棒球迷和籃球迷相信對多明尼加共和國不會陌生，因為在大型國際賽總是看到他們的身影。這個前西班牙殖民地瘋的卻是美式運動，也算是相當奇葩。相比之下，最受西班牙人歡迎的運動項目——足球，卻在這個加勒比海國家發展得不怎麼樣。

　　多明尼加共和國在 1953 年便成立足協，六年後加入國際足聯。不過他們首次參與國際賽還要等到 1967 年，那一次是奧運足球項目資格賽，對手是鄰國海地，結果兩回合共吞了 14 隻光蛋。一年之後，多明尼加共和國足球隊終於獲得首次勝利，他們在中美洲和加勒比海運動會足球項目分組賽以 5 比 0 大勝波多黎各。多明尼加共和國首次參與中北美洲錦標賽和世界盃資格賽，分別是 1977 年和 1978 年的一屆，他們當然沒能打進決賽圈。到了 1980 年代，多明尼加共和國幾乎絕跡於國際足壇，世界盃和中北美洲錦標賽的資格賽都沒有參加，到了 1990 年代才回歸國際足壇大家庭。他們在 1991 年首次打進加勒比海盃決賽圈，而且是在資格賽淘汰宿敵海地。雖然多明尼加共和國在那一屆賽事首戰便以 0 比 7 慘敗在千里達和特巴哥腳下，第 2 場比賽就能振作，以 0 比 0 打和聖露西亞，第 3 場則以 1 比 4 不敵馬提尼克，以 1 和 2 負成績畢業。

　　到了 2004 年，多明尼加共和國再次不派隊參與中北美洲金盃賽資格賽，而且是連續 3 屆賽事缺席，令他們在國際

足聯的排名在 2009 年跌至史上新低的第 190 位。在 2010
年全面回歸國際足壇後，多明尼加共和國足球隊再迎來小陽
春，他們以 17 比 0 大勝英屬維吉群島，創下史上最大勝仗
紀錄。然後再打進 2012 年加勒比海盃決賽圈，他們在首戰
落後一球之下連進 2 球，得以反勝地主國安地卡及巴布達，
然後兩場都以 1 球之差僅負於海地和千里達及托巴哥，最終
以 1 勝 2 負成績出局。

　　此後多明尼加共和國足球隊就沒有亮眼的成績了，他們
在各項大賽都沒能打進決賽圈，在 2019 年的中北美洲國家
聯賽也只是獲得平庸的成績，僅僅保住乙級聯賽的席位。該
國近年陸續有球員到西歐次級聯賽踢球，在最近一年入選的
球員中有 11 人是在歐洲聯賽踢球，當中效力球隊級別最高
的是為德乙球隊聖保利踢球的前鋒 Luis Coordes，這樣算起
來該國的足球發展也算是有所進步。

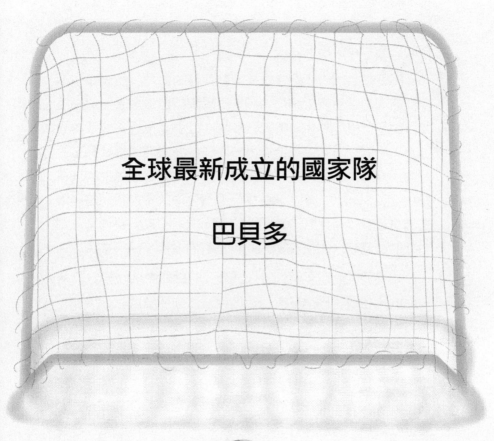

全球最新成立的國家隊

巴貝多

　　在 2021 年 11 月末，位於加勒比海的渡假勝地巴貝多宣布不再奉英女王為國君，正式「脫離」英國成為「共和國」，雖說巴貝多已經是獨立政治實體多年，也可說是在 2021 年終於正式成為國家。

　　巴貝多最為人所認識的是擁有美麗的海灘，所以吸引不少英超球星在暑假來這裡休假。不過說到足球發展，這個島國可說是乏善可陳。雖然巴貝多在 1929 年已經首次參與國際賽，不過一直都沒能參與世界盃和中北美洲錦標賽和金盃賽的決賽圈，在區內也只是三流球隊，國家隊最偉大的成就是在 1985 年的加勒比海錦標賽獲得亞軍，不過當時是以地主國身分直接晉級到決賽圈，決賽圈採取四支參賽球隊互相對賽的聯賽制，結果巴貝多 3 場比賽都打平，成為小組次名。

　　如果要數到世界盃的話，最接近決賽圈的一次是 2002 年一屆的資格賽，巴貝多在首圈連克三個對手晉級，然後在次圈分組賽首戰便擊敗哥斯大黎加，可惜後來五場比賽都落敗，包括兩場對美國的比賽合共吞了十一隻光蛋，最終以小組最後一名成績出局。

　　到了 2022 年一屆世界盃資格賽，巴貝多在首圈分組賽擊敗安吉拉，打和了多明尼加和多米尼加，面對 2018 年世界盃決賽圈球隊巴拿馬也只是以 0 比 1 落敗，最終以小組第三名出局。而在首屆中北美洲國家聯賽，巴貝多擊敗另外三支球隊獲得丙級聯賽小組首名，下一屆賽事升級到乙級聯賽。這些成績也可以看到巴貝多足球也有少許進步。

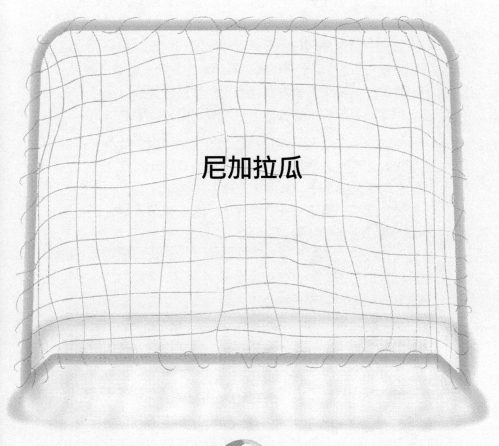

尼加拉瓜

　　中美洲國家尼加拉瓜在 2021 年 12 月決定與中華民國斷交，並立即轉投對岸的懷抱，或許對部分台灣人而言是既惋惜又憤恨。不過該國長年經濟不穩，看上中華民國的地方似乎只有金錢，那麼其實沒有了一些酒肉朋友，也許反而是好事來著。尼加拉瓜足球代表隊看起來也是該國社會的寫照，因為縱然在首屆中北美洲錦標賽已經參與決賽圈，多年來在區內都是一事無成，更談不上在國際足壇有什麼地位。

　　尼加拉瓜在 1929 年便組織國家代表隊參與比賽。不過歷年來都沒有可以拿出來炫耀的成績，首場比賽便以零比九慘敗在薩爾瓦多腳下。然後在 1940-50 年代，他們在中美洲及加勒比海錦標賽拿到一次季軍和一次殿軍，不過他們在這兩次比賽踢了十場比賽竟然是全數敗陣，拿到名次只是因為參賽隊伍就只有幾隊而已。到了後來，他們也打進過中北美洲錦標賽以及現在的金盃賽決賽圈六次，不過踢了二十一場比賽，竟然只有二和十九負的成績！而在 2019 年舉行的首屆中北美洲國家聯賽，尼加拉瓜參與乙級聯賽，6 場分組賽之中兩敗於蘇里南腳下，面對聖文森只能最得一和一負，另外兩場面對實力差不多是區內最弱檔的多明尼加則兩戰全勝，最終以小組第三名完成賽事，沒升級也沒降級。

　　尼加拉瓜在足壇上也沒有出產過什麼國際球星，目前的國腳大部分都是效力國內球隊，只有少數是效力哥斯大黎加和玻利維亞聯賽的球隊，陣中唯一一名效力歐洲聯賽球隊，在挪威球隊踢球的球員莫德斯克萊德（Matias Moldskred）也只是因為本身是在歐洲出生和長大的挪威混血兒，因此這支球隊雖然近年成為金盃賽決賽圈常客，仍然難以成為受外界關注的球隊。

首支參與世界盃決賽圈的亞洲球隊

印尼

　　亞洲足球近年幾乎被日本、韓國、沙烏地阿拉伯、伊朗和從大洋洲「轉會」過來的澳洲所壟斷，不過他們都不是首支晉身世界盃決賽圈的亞洲球隊。首支晉身世界盃決賽圈的亞洲球隊竟然是印尼，相信這答案足夠令足球歷史認識不夠深刻的球迷感到驚訝。

　　印尼在獨立前是荷蘭的殖民地，當時稱為「荷屬東印度群島」。雖然只是殖民地，不過「荷屬東印度群島」在 1921 年已經首次組織代表隊出戰國際賽，結果在首戰以一比零擊敗鄰近的英國殖民地新加坡。及至 1938 年世界盃資格賽，由於當時開始進入二戰狀態，所以亞洲地區沒幾個國家派隊出戰，本來只有荷屬東印度群島和日本參賽，不過日本選擇退賽，令荷屬東印度群島自動晉級，成為首支出戰決賽圈的亞洲球隊。可是荷屬東印度群島在世界列強面前顯得太脆弱，在當時全部採取淘汰賽制之下，首輪賽事便以零比六慘敗在這屆賽事獲得亞軍的匈牙利腳下，荷屬東印度群島就這樣草草結束至今唯一一次參與的世界盃決賽圈，他們也成為其中一支參與世界盃決賽圈比賽場數最少，以及在決賽圈進球最少的球隊。

　　二戰過後，荷屬東印度群島從荷蘭手上獨立並更名為「印度尼西亞」，簡稱印尼，由於相對其他亞洲國家來說，印尼受二戰影響較少，加上印尼足球發展歷史較久，足球也是印尼最受歡迎的運動，所以他們在 1950 年代擁有輝煌的歷史。印尼在 1956 年奧運打進足球項目的正賽，不過這次對中華

民國來說是不堪回首的歷史，原因是印尼在資格賽跟中華民國交手，但是印尼抗議中華民國隊使用當時不被允許的「國旗」出戰，結果國際足聯判決中華民國隊落敗，令印尼得以晉級。印尼在這一屆賽事直接從八強賽出戰，他們在加時賽後仍然跟蘇聯打和，按賽制需要重賽，結果在重賽以零比四慘敗出局，這也是印尼至今唯一一次出席奧運足球項目正賽。

到了 1958 年亞運會，印尼在足球項目打進四強，在四強賽以 0：1 不敵最終贏得金牌的中華民國，幸好在銅牌戰以 3：2 擊敗印度奪得銅牌，也是印尼在亞運會足球項目至今唯一一次獲得獎牌。

不過隨著亞洲各國的足球發展開始有進展，反之印尼足球發展停滯不前，在 1960 年代大部分時間甚至不派隊參與世界盃、亞洲盃和亞運賽事，所以印尼足球隊失去在亞洲區的領導地位。縱然在 1970 年代重返國際足壇，印尼也無法打進所有大賽的決賽圈，直到 1996 年才首次參與亞洲盃決賽圈，此後連續四屆賽事都打進決賽圈，包括 2007 年一屆與其他三個東南亞鄰國合辦，不過四屆賽事都是在分組賽便出局，2007 年一屆後再也沒有參與決賽圈。

到了最近十年，印尼足球更陷入混亂，先是國內聯賽因為政治問題鬧出雙胞，及後更因為政府機關介入足協事務，遭國際足聯禁賽，也因此本來印尼在 2018 年世界盃資格賽與台灣隊同組，後來在開賽前被禁賽而退出。

　　相比之下，印尼在東南亞足球錦標賽的成績比較穩定，連同在 2021 年末舉行的 2020 年一屆賽事，印尼獲得五次亞軍。不過印尼曾經在東錦賽爆出醜聞，就是 1998 年一屆分組賽因為「走線」而與泰國一起消極作賽，後衛 Mursyid Effendi 竟然在比賽末段刻意把皮球踢進自己網窩，令印尼達成輸球「走線」晉級的願望。事件令國際足聯勃然大怒，結果 Effendi 被判終身不能參與國際賽。印尼雖然得償所願，不過在四強賽還是輸給新加坡出局，可說是賠了夫人又折兵。

足球樂滿夏灣拿

古巴

所謂「早起的鳥兒有蟲吃」，一直在國際足壇沒什麼分量的古巴，由於獨立成國的年分較早，從而較早發展出國家隊，並因此獲得世界盃決賽圈參與資格。

古巴早於十九世紀末期便脫離西班牙和美國獨立，並於 1901 年已經擁有屬於自己的憲法，所以很早便發展足球運動，並於 1930 年首次組織國家隊出戰中美洲及加勒比海運動會的足球項目，史上首場國際賽便以三比一擊敗當時仍然是英國殖民地的牙買加。古巴首次參與世界盃是 1934 年一屆的資格賽，當時他們不敵墨西哥無緣晉級決賽圈。到了 1938 年一屆，由於幾乎所有美洲國家對該屆賽事的決賽圈沒有按約定放在南美洲舉行表示不滿，所以除了古巴，其餘美洲球隊都退賽作為杯葛，令古巴自動晉級在法國舉行的決賽圈賽事。

雖然古巴不戰而勝從而打進世界盃決賽圈，不過他們也很爭氣，沒有成為列強的點心。該屆決賽圈採取淘汰賽制，古巴首戰遇上已經是第三次參賽的羅馬尼亞，藉 Hector Socorro 的兩個進球，古巴跟羅馬尼亞踢完加時賽後以三比三打和。當時的賽制是加時後打和的話便要重賽，結果 Socorro 在重賽再次攻破對手大門，以二比一勝出獲得晉級資格，並成為首支晉級世界盃八強賽的加勒比海球隊。可惜他們在八強以零比八大敗在瑞典腳下，也是他們史上最大敗仗，古巴就此結束至今唯一一次的世界盃決賽圈之旅。

古巴在 1950 年世界盃資格賽無法晉級，後來因為古巴被共產黨領袖 Fidel Castro 統治，在西方國家進行制裁下，古巴兩度被禁止參與世界盃賽事，也因為國內財政問題嚴重，縱使沒有被禁賽也沒有派隊參賽，直到 1990 年代國際社會逐漸「解封」古巴，古巴才在 1998 年一屆開始保持每屆世界盃資格賽都有參與，可是因為實力所限無法突圍。

雖然在 1954 至 1994 年這四十年間沒有持續參與世界盃賽事，古巴在中北美洲錦標賽也取得過不錯的成績。在 1971 年一屆賽事，當時的賽制是六支決賽圈球隊以聯賽制比賽，按積分多寡決定名次，結果古巴擊敗宏都拉斯，打和海地和千里達及托巴哥，輸給墨西哥和哥斯大黎加，以 1 勝 2 和 2 負成績獲得殿軍，是他們在這項賽事的最佳成績。

從 1998 年一屆開始，古巴便是中北美洲金盃賽決賽圈的常客，當中的十二屆賽事中，只有兩屆沒能打進決賽圈，以及 2009 年一屆因為組隊出現問題而退出。在 2021 年一屆，古巴再次被迫在資格賽退賽，原因是新冠肺炎疫情令古巴隊無法前往美國參與資格賽，導致他們被賽會判決落敗出局。

古巴國家隊在國際賽的唯一榮譽是在 2012 年贏得加勒比海盃，他們在這一屆賽事分組賽以 2 勝 1 負成績獲得次名晉級，然後在四強賽和決賽都以一比零擊敗海地和千里達及

托巴哥奪冠。由於加勒比海盃已被中北美洲足聯「收編」為中北美洲國家聯賽，所以古巴再也無法在這項賽事稱雄。

安道爾

身為強隊的支持者，可能會覺得球隊贏球是應該的事，所以一旦輸球便覺得失落和難以接受。不過反過來說，弱小的球隊因為難求一勝，所以如果勝利來臨的話已經足夠令人興奮，歐洲小國安道爾的球迷相信對此有非常深刻的認同感。

位於法國和西班牙之間的袖珍小國安道爾，國土面積只有約兩個台北市般大，人口只有不足八萬人，所以縱然夾在兩個足球強國之間，足球水平應該不會太差，但是因為人口太少而無法擁有強大的足球隊。而且雖然安道爾早於十九世紀已經獨立建國，不過因為在 1993 年實行憲法制之前都沒有跟世界接觸，所以足球發展也相當遲緩，至今國內也只有一個業餘聯賽，當然部分球員會選擇在西班牙低級別聯賽球隊踢球。

安道爾在 1996 年才首次參與國際賽，結果以 1：6 慘敗在愛沙尼亞之下。他們首次參與的大賽是 2000 年歐洲盃，結果正常地十戰全敗，不過第一場賽事對亞美尼亞已經有進球，整項賽事進了三球。安道爾在 2002 年世界盃和 2004 年歐洲盃的資格賽也是全敗，直到 2006 年世界盃資格賽，他們終於拿到首場勝利，就是在主場以 1：0 擊敗馬其頓，這場比賽直接導致對手的主帥下台；然後作客馬其頓也能打平，以及主場打和芬蘭。雖然最終還是在小組排在最後一名，不過對於安道爾國家隊來說已是偉大的成就。

　　不過安道爾在往後五屆大賽還是回到全數敗陣的局面，2014 年世界盃資格賽更是一球不進。到了 2017 年 2 月，安道爾在友誼賽以 2：0 擊敗聖馬力諾，才取得十三年來首場勝仗。然後在五個月後的 2018 年世界盃資格賽，安道爾更擊敗了匈牙利。

　　在 2020 年歐洲盃資格賽，安道爾以 1：0 擊敗摩爾多瓦，及後作客打平阿爾巴尼亞，令他們首次在大賽資格賽不用以最後一名完成賽事。接著在 2022 年世界盃資格賽，他們幸運地跟聖馬力諾同組，結果兩次交手都贏球，是他們史上首次在同一屆大賽贏兩場比賽，對於這個史上只贏球九次的國家隊來說已是相當值得高興的事。

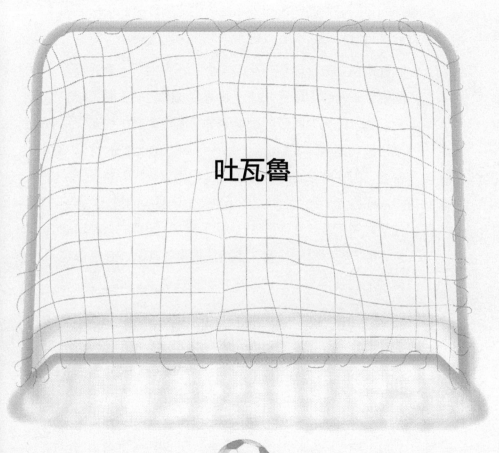

吐瓦魯

在中華民國的邦交國中，吐瓦魯在國際足壇的地位是比較特殊的，因為他們一直被國際足聯拒之於外，卻曾經參加世界盃資格賽，是國際足壇絕無僅有的例外。

吐瓦魯在 1978 年脫離英國獨立，不過他們一直都沒能加入國際足聯，原因是他們連一個符合國際足聯主場資格的球場都沒有。結果他們參與國際賽的態度更消極，從獨立到現今幾乎只在區內的運動會足球項目才會出現他們的身影。吐瓦魯在 1979 年南太平洋運動會首次組織國家隊參賽，結果首戰便慘吞大溪地 18 隻光蛋，也是他們至今的最大敗仗。不過他們在第二場比賽便以 5：3 擊敗湯加，取得史上首場勝利，也令他們得以晉級八強。雖然在八強賽以 2：10 慘負在新喀爾多尼亞腳下，不過也能在名次賽互射十二碼球擊敗基里巴斯獲得第七名，這也是他們參賽以來的最佳成績。

雖然吐瓦魯是大洋洲足聯的成員國，不過由於他們不是國際足聯成員國，所以沒有參與大洋洲國家盃的資格。唯一一次例外是出現在 2007 年，因為國際足聯和大洋洲足聯當時將南太平洋運動會足球項目列為 2008 年大洋洲國家盃及 2010 年世界盃大洋洲區資格賽首圈賽事，所以吐瓦魯得以史上首次參與這兩項大賽，縱然他們就算拿到冠軍都沒能參與決賽圈。當然，吐瓦魯的實力也不足以爭取出線權，最終他們只能以 1 和 3 負完成賽事，不過也已經創出非國際足聯成員參與世界盃比賽的先例。

由於一直爭取不到加入國際足聯，所以吐瓦魯在 2016 年轉投非國際足聯組織 CONIFA 之下，並參與 2018 年 CONIFA 世界盃決賽圈。可惜他們的實力跟世界有明顯差距，因此五場比賽全敗，合共只進三球。由於肺炎疫情影響，所以吐瓦魯在 2019 年太平洋運動會後便沒有出戰國際賽。原本 2023 年的太平洋運動會是他們重出江湖的機會，不過或許因疫情而延期，令他們要比賽的話就要再等一下。

拉脫維亞

　　與俄羅斯西部邊界接壤的波羅的海三國的足球水平並不出眾，因此在國際足壇一直沒有什麼地位，不過當中也有拉脫維亞在 2004 年打進歐洲盃決賽圈的傳奇故事。

　　拉脫維亞早於 1922 年便跟鄰國愛沙尼亞上演該國史上首場國際賽，結果雙方握手言和。他們也參與過 1924 年奧運足球項目，可惜第一場便以 0：7 慘敗在地主國法國腳下出局。到了 1928 年，拉脫維亞也贏得首屆波羅的海盃冠軍，至今他們也以十三次奪冠成為這項比賽冠軍次數最多的球隊。1938 年世界盃資格賽是拉脫維亞首次參與大賽，他們擊敗了鄰國立陶宛，不過輸給奧地利。雖然奧地利後來被德國吞併而失去參與決賽圈的資格，可是拉脫維亞也沒有獲邀遞補參賽。

　　由於二戰時被蘇聯入侵併入版圖，從獨立國家淪為成員區，因此拉脫維亞到了 1991 年獨立後才回到國際足壇，並於 1996 年歐洲盃資格賽開始，連續三屆大賽資格賽都有贏球，陣中也有 Marian Pahars 能夠踢進英超，當然跟晉級決賽圈仍然有一段明顯的距離。直到 2004 年歐洲盃資格賽，拉脫維亞壓倒波蘭和匈牙利拿到小組第二名，然後在附加賽由 Maris Verpakovsis 的進球淘汰世界盃季軍球隊土耳其，首次打進大賽決賽圈。

　　拉脫維亞在 2004 年歐洲盃決賽圈的抽籤運相當不錯，對手有荷蘭、德國和捷克，運氣不錯可不是反話，因為反正

他們晉級的機會不大，所以有機會跟強隊交手也是好事。結果他們首戰一度領先捷克，可惜最終以 1：2 敗北。然後他們在第二場賽事竟然以 0：0 打和世界盃亞軍德國，在最後一場擊敗荷蘭的話甚至有機會晉級。不過奇蹟始終沒有出現，他們以 0：3 輸球，一如所料地以最後一名結束賽事，只是表現已經超出外界預期的好。

到了 2010 年世界盃資格賽，拉脫維亞有機會再次打進決賽圈，他們在首八場賽事取得 4 勝 2 和 2 負，只要作客擊敗希臘，就可以拿到小組第二名。可惜最終輸了，令他們縱然在最後一場資格賽擊敗摩爾多瓦，還是以小組第三名成績出局。

此後拉脫維亞國家隊的成績一落千丈，不僅連碰到大賽決賽圈門框的機會都沒有，在 2016 年歐洲盃資格賽更是一場不勝。在首兩屆歐洲國家聯賽，拉脫維亞也只能征戰最低級的丁級聯賽，而且沒拿到首名升級。而他們最引以為傲的波羅的海盃，在 2021 年舉行的一屆也輸給愛沙尼亞失落錦標，跟他們在 2000 年代的威風大相逕庭。

貝里斯

　　在眾多中美洲國家之中，貝里斯足球國家隊可說是在足球世界比較「佛系」，卻又獲得一定成績的球隊。

　　貝里斯前身是英屬宏都拉斯，看名字便想到又是大英帝國其中一個殖民地，所以很早便有足球運動在這個跟墨西哥南部接壤的國度進行，早於 1928 年便以英屬宏都拉斯之名跟宏都拉斯比賽，還以 1：0 贏球，是該國史上首場足球國際賽。貝里斯在 1981 年脫離英國獨立，兩年後才參與獨立後首場國際賽，在主場以 0：2 不敵加拿大。貝里斯在接著十多年都沒有參與國際賽，直到 1995 年才開始恆常在國際足壇出現，並於 1996 年首次參與世界盃資格賽。

　　到了 2001 年，貝里斯才首次在國際賽勝出，他們在友誼賽以 2：0 擊敗鄰國尼加拉瓜，三天後再於另一場友誼賽多贏尼加拉瓜一次。貝里斯在 2008 年才取得首場世界盃資格賽勝利，他們在首輪首回合以 3：1 擊敗聖克里斯多福及尼維斯，再於次回合打和對手晉級，可是在次圈兩回合共吞了墨西哥 9 隻光蛋出局。2014 年世界盃資格賽是貝里斯參賽以來成績最佳的一屆，他們在首輪兩回合都擊敗蒙哲臘，然後在次輪首場分組賽也擊敗格瑞那達，不過之後連輸三場，最後兩場對聖文森特及格瑞那丁取得 1 勝 1 和，最終以 2 勝 1 和 3 負成績出局。

　　除了世界盃，貝里斯也有參與中美洲國家盃，雖然他們一直都只是陪跑分子，卻在 2013 年一屆壓倒瓜地馬拉和尼

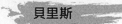

加拉瓜晉級四強，縱使在淘汰賽接連不敵宏都拉斯和薩爾瓦多，也已經創出殿軍的史上最佳成績，也因此獲得同年的中北美洲金盃賽決賽圈參賽資格，是他們首次參賽。貝里斯在2013 年中北美洲金盃賽決賽圈首戰面對美國，雖然以 1：6 慘敗，也仍然取得進球。可惜之後兩場分組賽分別以 0：1 不敵哥斯大黎加和 0：4 不敵古巴，以三戰全敗完成至今唯一一次決賽圈旅程。

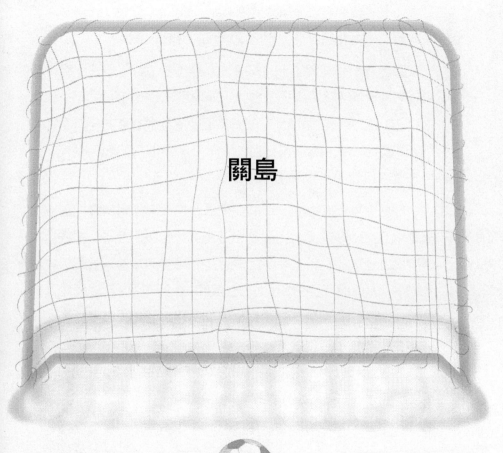

關島

位於太平洋的關島曾經被視為東亞區最知名的足球魚腩部隊，不過數年前在英籍總教練 Gary White（懷特）的領導下大舉引進歸化兵，令他們的成績有過明顯的進步。

關島雖然是美國領土的一部分，不過在 1975 年已經組織代表隊參與南太平洋運動會的足球項目，並於 1979 年一屆以 10：1 大勝法國屬地新喀爾多尼亞。他們在 1996 年才加入國際足聯成為會員國，目前只有 16 萬人口的關島是其中一個人口和領土面積最小的成員國。

關島在 1996 年首次參與亞洲盃資格賽，面對韓國和越南都以 0：9 慘敗，最後一戰對台灣隊雖然也失了 9 球，卻取得兩個進球。關島首次參與世界盃資格賽是 2002 年一屆，他們對伊朗和塔吉克分別吞了 19 隻和 16 隻光蛋。然後關島連續三屆世界盃資格賽都沒有參加，只參與亞洲盃和東亞盃資格賽，因此經常跟台灣隊交手，首三次交手都是吃光蛋，不過到了 2010 年一屆已經將落敗比分拉近至 2：4。到了 2012 年一屆，關島更以 1：1 打和台灣隊！

2012 年 1 月，關島聘請懷特擔任代表隊總教練並兼任足協技術總監，在先祖是香港人的時任足協會長積極鼓勵代表隊爭取佳績下，懷特發揮他的所長，就是從全世界搜羅並歸化跟關島有血緣關係的球員，結果引來一批在美國大學或業餘聯賽踢球的球員加入，比如是洛杉磯銀河後衛 A.J. DeLa Garza，令關島代表隊實力大增。於是關島再不是任人魚肉的

弱旅，在 2014 年亞足聯挑戰盃資格賽更首次以 3：0 擊敗台灣隊。縱使懷特在 2016 年離開關島，關島仍然在 2018 年世界盃資格賽擊敗土庫曼和印度，被國際足聯稱為「沉睡的足球巨人」。

　　不過到了 2018 年世界盃資格賽後期，關島足協對發展足球的興趣大幅減少，所以在首四場賽事取得 1 勝 2 和 1 負後便在餘下賽事全部敗陣，也逐漸不再徵召歸化兵。雖然他們還是能參與 2019 年亞洲盃資格賽，可是以財政原因宣布退出。

　　在 2019 年東亞盃資格賽首輪賽事，關島打回原形，再次淪為連澳門也踢不過的弱旅。到了 2022 年世界盃資格賽，雖然他們在首輪擊敗不丹晉級，可是在第二輪分組賽全數敗仗，在 2023 年亞洲盃資格賽附加賽也不敵柬埔寨出局，數年前的「足球巨人」再次完全沉睡了。

不丹

與西藏接壤的小國不丹由於背靠喜馬拉雅山，所以多年來都是封閉的國度，連國家足球隊也是形跡罕至。他們曾經是「世上最差的球隊」，直到近年開始參與世界盃資格賽，才讓外界看到他們的廬山真面目。

不丹早於十七世紀便是統一王國，不過後來被英國入侵成為保護國失去外交主權，及後印度獨立便由印度擔任保護國。由於國土全是高原地帶，而且又是被中國和印度夾著的內陸國家，所以他們是世上其中一個最貧窮的國家，自然無從發展足球運動。

直到 1968 年，才首次組織不丹國家隊到印度參與比賽，及後也只是跟鄰近地區比如尼泊爾甚至是中國駐昆明軍隊足球隊比賽。不丹隊首次參與大型比賽是 1984 年的南亞運動會足球項目，缺乏比賽磨練的他們自然只能不斷吃敗仗。不過到了十五年後，他們才再次組織國家隊參與南亞運動會，當然也只能屢戰屢敗。

到了 1999 年，不丹終於首次參與亞洲盃資格賽，不過卻發生慘案，就是以 0：20 大敗在科威特腳下，這不僅是他們至今史上最大的敗仗，更一度成為國際賽比分最懸殊的比賽，這紀錄在一年多後才由澳洲於世界盃資格賽以 31：0 大破美屬薩摩亞的一戰打破。到了這一屆賽事的最後一戰，不丹雖然以 2：11 大敗在葉門腳下，也總算在亞洲盃取得進球。不過連場大敗令不丹在 2001 年的國際足聯排名跌至最低的

第 204 位。正因如此，不丹便邀請同樣是排名最低的中北美洲球隊蒙哲臘在 2002 年世界盃決賽的同一天舉行友誼賽，結果不丹以 4：0 取得史上首場勝利，相關事跡後來也拍成紀錄片《另一個決賽》。

不過這場比賽並沒有改變不丹隊逢賽必敗的命運，直到 2004 年亞洲盃首輪資格賽，不丹以 6：0 大勝關島，取得史上最大勝仗，及後並打和蒙古，以較佳得失球差壓倒蒙古晉級第二輪資格賽。然後不丹在 2008 年的南亞足球錦標賽更打進四強賽，可惜在加時階段不敵印度出局。

不丹在 2018 年世界盃資格賽終於首次參賽，而且在首輪資格賽擊敗斯里蘭卡晉級，在第二輪賽事與香港、中國、卡達和馬爾地夫同組，令不丹隊正式出現在世人眼前。雖然他們在首三仗全敗而且一球不進，作客卡達一戰更慘吞 15 隻光蛋，是歷史上慘敗在科威特之後的最大敗仗。

不丹在第四場比賽對馬爾地夫半場以 4 球落後，日本籍總教練築館範男在半場休息時因為不滿領隊干預用人而引起爭執，更因此在半場休息時出現易帥風波。不過不丹在下半場連進三球，僅以 3：4 敗陣，並於往後對香港只以 0：1 落敗，最終不丹以八戰全敗成績出局。可惜不丹足球隊此後再沒有亮點，到了 2022 年世界盃資格賽，他們在首輪兩回合賽事不敵關島出局，也因此無緣參與 2023 年亞洲盃資格賽。

在肺炎疫情影響加上世界盃和亞洲盃資格賽提早出局，不丹在 2019 年後都沒有比賽。

東加

　　身材健壯的南太平洋島國是橄欖球世界的王者，比如在澳洲以東的東加便是目前國際橄欖球協會排名第 4 位的國家。不過在足球領域上，東加卻是國際足聯排名倒數前列的球隊，目前在 210 個國家之中排名第 202 位，撇除沒有排名的庫克群島，東加是大洋洲區排名最低的國家。

　　東加是由 169 個島嶼組成的國家，人口只是僅僅多於 10 萬。既然橄欖球已經成為他們的國球，足球發展不濟似乎也是自然而然的事。東加在 1970 年從英國殖民地身分獨立，九年後便組成男子足球隊參與南太平洋運動會，第一場比賽對塔希堤便是該國史上首場代表隊賽事，可是吃了八隻雞蛋。到了第三場比賽，東加終於以 1 比 0 擊敗鄰近的法屬自治體島國瓦利斯和富圖那（ Wallis and Futuna ），是他們的第一場贏球。東加在 1994 年才加入國際足聯，在 1979 年至 1994 年的十五年間，他們只參與了兩屆南太平洋運動會賽事。

　　加入國際足聯後，東加便可以參與世界盃資格賽，首次參賽便是 1998 年世界盃資格賽。他們漂亮地在首圈分組賽擊敗美屬薩摩亞和庫克群島晉級，可惜在次圈兩回合以 0 比 13 慘敗在所羅門群島腳下。後來他們也一直沒能在世界盃資格賽和大洋洲國家盃打進決賽圈，甚至在 2001 年創出以 0 比 22 慘敗在澳洲腳下的紀錄。東加也想過改善足球發展環境，他們在 2008 年參與由國際足聯和大洋洲足聯合辦的「贏在大洋洲」（ Win in Oceania ）計劃，從而獲得資金改善足球發展，可是據說成效不彰，球員們還需要在環境非常差劣的場地踢球，成績自然也沒有提升。

東加足球隊最近一次贏球已是十年前在世界盃資格賽擊敗老對手庫克群島。可是此後東加足球隊成績愈來愈差，在2018年世界盃資格賽，面對庫克群島、美屬薩摩亞和薩摩亞都輸掉。在 2019 年太平洋運動會後，東加足球隊因為肺炎疫情令世界盃資格賽賽程一再延期下，在最近兩年都沒有比賽，唯有寄望預計在 2022 年 1 月才舉行的資格賽可以找到勝利。

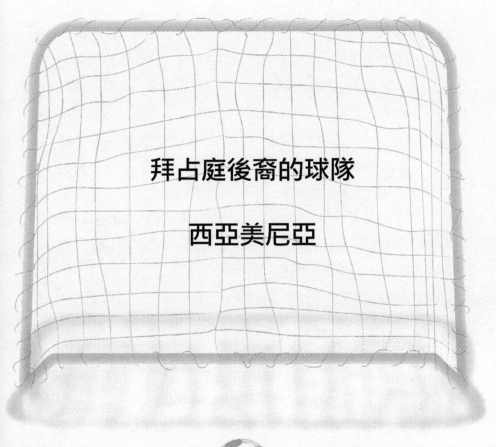

拜占庭後裔的球隊

西亞美尼亞

　　亞美尼亞在本屆世界盃歐洲區資格賽開局順利，接連擊敗列支敦斯登、冰島和羅馬尼亞排在小組榜首。原來除了亞美尼亞國家隊，在世上還有另一支叫做西亞美尼亞的球隊，不過他們並不是正式國家或合法獨立政權，所以沒有參與世界盃和歐洲盃，相反參與了由非國際足聯成員國球隊組成的 CONIFA 世界盃。

　　西亞美尼亞其實是指散居於土耳其東部的亞美尼亞裔人，由於該處與亞美尼亞西部邊界接壤而得名。另外該處也是從四世紀末統治超過一千一百年的拜占廷帝國故地，所以西亞美尼亞亦被稱為拜占廷亞美尼亞。雖然亞美尼亞裔人士在土耳其東部居住良久，不過到了 2015 年才組成西亞美尼亞足協，翌年便獲邀參與 CONIFA 世界盃。

　　西亞美尼亞隊成員大部分是效力亞美尼亞超級聯賽或歐洲各地低級別聯賽的球隊，所以擁有一定程度實力之下，首戰便以 12 比 0 大破印度洋英屬領地查哥斯群島，當屆賽事最終在 8 強戰以 2 比 3 不敵印度的旁遮普隊出局。兩年後西亞美尼亞再戰 CONIFA 世界盃，這次他們擁有數名前亞美尼亞國腳壓場，在小組賽以 1 勝 2 和不敗成績取得首名，可惜在 8 強戰以 0 比 4 慘敗在匈牙利的塞凱伊地出局。

　　由於亞美尼亞與土耳其本身沒有特別的關係，西亞美尼亞也沒有高呼獨立，所以土耳其政府對於西亞美尼亞組隊參與「國際賽」並沒有太多意見。隨著西亞美尼亞成為 CONIFA 世界盃的常客，相信該地的足球發展會愈來愈好。

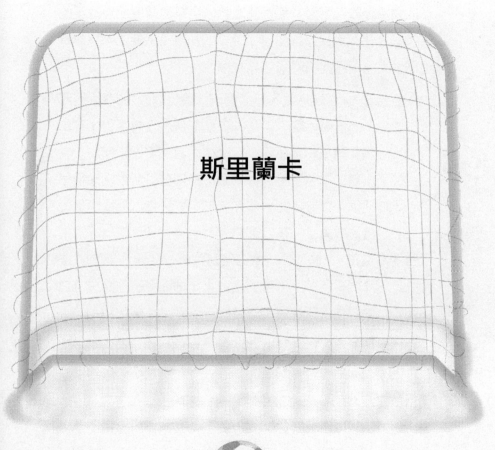

斯里蘭卡

斯里蘭卡對我們來說並不是陌生的國家，不過原來在最新的國際足聯排名上，這個盛產錫蘭紅茶的國度已經跌至第204位，是亞洲區諸國中排名最低的國家，主要原因竟然是他們參與世界盃資格賽第2輪賽事！

跟台灣一樣，足球並不是斯里蘭卡最受歡迎的運動項目，板球才是。而且斯里蘭卡從1983年起經歷了超過二十五年內戰，經濟和政局相當不穩，足球運動自然發展不起來。當然由於斯里蘭卡以往曾是大英帝國的一部分，所以當地很早便有足球活動，早於1952年和1954年分別成為國際足聯和亞洲足聯的成員國，在1952年元旦便與印度進行國家史上首場國際賽，當時他們的國名還是錫蘭（Ceylon）。由於錫蘭的足球發展不佳，所以直到1954年才贏了國家隊史上首場比賽，他們在自家主辦的可倫坡盃以2比1擊敗緬甸。

斯里蘭卡足球代表隊在1990年代的成績比較好，不僅在1995年奪得南亞錦標賽冠軍，是他們目前唯一的獎項，而且在1998年5場比賽全部沒有輸球，包括在主場擊敗人口比他們多數以十倍計的印度。到了2000年，斯里蘭卡更在4場金禧盃賽事全部勝出。斯里蘭卡在2003年首次與台灣隊交手，在主場之利幫助之下以2比1贏球，得以晉級至2004年亞洲盃次輪分組賽。斯里蘭卡和台灣隊在3年後的亞洲挑戰盃8強賽再次碰頭，結果斯里蘭卡以3比0再贏一仗，還一舉打進決賽，可是輸給了塔吉克無緣成為冠軍。斯

里蘭卡在 2008 年和 2009 年的亞洲挑戰盃資格賽都遇上台灣隊，結果都是斯里蘭卡取勝，雙方在最近十一年都沒有再一起踢過比賽。

不過自從踏進 2010 年代後，斯里蘭卡代表隊的成績便每況愈下，幾乎是每年只贏一場比賽，其餘 3 至 7 場比賽皆輸的樣子，國際足聯排名也因此逐步下滑。在 2018 年世界盃資格賽，他們在首輪資格賽便不敵曾經是國際足聯排名最低的不丹出局，到了剛過去的世界盃資格賽，斯里蘭卡本來在首輪首回合作客以 0 比 1 不敵澳門，可是因為澳門以斯里蘭卡發生恐怖爆炸案為由不派隊參賽，令斯里蘭卡獲國際足聯判決次回合以 3 比 0 勝出。斯里蘭卡於是得以參與次輪資格賽，不過始終他們的實力跟其他亞洲球隊有差，特別是同組還有韓國這些強敵。結果他們以 6 戰皆北成績完成賽事，由於國際足聯排名是以最近 2 年的比賽成績計算積分，斯里蘭卡於 2019 年起參與世界盃資格賽輸了 7 場比賽，令他們本來已經不高的積分再被拉低，導致他們目前淪為亞洲末席。

可是說來也相當巧合，斯里蘭卡在次輪資格賽因為同組的北韓退賽，所以就算全數比賽落敗也能成為小組第 4 名，因此得以參與亞洲盃第 3 輪資格賽。雖然斯里蘭卡陣中目前有效力英冠球隊女皇公園巡遊者的 19 歲中場 Dillon De Silva，不過整體實力仍然相當不濟之下，在亞洲盃資格賽也應該只是享受比賽為主吧。

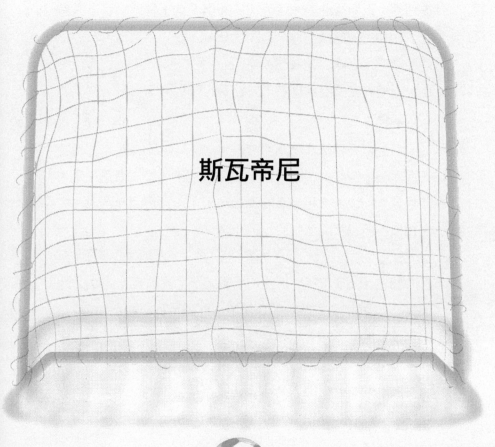

斯瓦帝尼

這個夏天的國際足壇相當熱鬧，除了剛過去的歐洲盃和美洲盃，以及中北美洲金盃和奧運男、女子足球項目，還有在 7 月中完成的南非洲盃（ COSAFA Cup ），結果南非擊敗塞內加爾奪得冠軍，南非的鄰國斯瓦帝尼（ Eswatini ）則獲得季軍，是這支在國際足壇名不見經傳的球隊第 5 次打進南非洲盃四強賽。

斯瓦帝尼是南非東北部接壤的國家，在 2018 年前稱為斯瓦濟蘭（ Swaziland ），由於名字跟瑞士很像，而且也是內陸國家，所以曾被稱為南非洲的瑞士。不過正因為兩國國名太相似，所以該國總統於 2018 年決定更名。跟鄰國南非一樣，斯瓦帝尼曾經是英國的殖民地，在 1968 年獨立建國。斯瓦濟蘭在 1968 年獨立建國前出戰第一場國際賽，便以 2 比 0 擊敗馬拉威。他們在 1976 年加入非洲足聯，兩年後也成為國際足聯的成員國。可是無論是斯瓦濟蘭還是現在的斯瓦帝尼，他們都沒有打進過非洲盃和世界盃決賽圈，最接近打進決賽圈的一次是 2017 年非洲盃資格賽，他們兩次戰勝幾內亞，打和辛巴威和馬拉威，僅以 3 分差距屈居在辛巴威之下，以小組第 2 名完成比賽。

斯瓦帝尼在南非洲盃賽事的成績比較好，歸功於這項賽事只准許效力非洲聯賽球隊的球員參賽，加上南非洲諸國的足球水平普遍不及西非和北非，所以在實力差距沒那麼大之後較容易獲得好成績。斯瓦帝尼從 1997 年便開始參賽，1999

年一屆首次打進四強，及後在 2002 和 2003 年連續兩年都打進四強，當時還沒有季軍戰。

到了 2016 年一屆，斯瓦濟蘭在小組賽打和辛巴威，然後擊敗塞席爾和馬達加斯加，並在八強戰互射十二碼淘汰尚比亞打進四強，雖然以 1 比 5 慘負在南非腳下，不過在季軍戰以 1 比 0 擊敗民主剛果共和國。到了今年的賽事，斯瓦帝尼以小組第 2 名身分打進四強，雖然互射十二碼不敵由青年軍組成獲邀參賽的塞內加爾，在季軍戰仍然能以互射十二碼擊敗莫桑比克，追平參賽以來的最佳成績。雖然以斯瓦帝尼的實力來說，相信在可見的將來很難看到他們出現在世界盃決賽圈賽場，不過能夠在自身地區取得一定成就，也是快樂足球的寫照。

馬普切

每當提到南美洲足球，大家的第一印象相信不是巴西便是阿根廷，再來便是烏拉圭和哥倫比亞等南美洲老面孔。除了這些大家相當熟悉的球隊，南美洲也有不少在國際足聯成員國以外的「代表隊」，當中馬普切（Mapuche）更可能曾經是世界冠軍球隊！

馬普切從來沒有正式立國，她是一個目前居住於智利和接壤的阿根廷西南部的一個原住民民族，是印第安人的其中一支，人口約 70 萬。二次大戰令原定於 1942 年和 1946 年舉辦的世界盃賽事也要取消，不過足球運動在沒受戰火波及的南美洲並沒有停下來。所以有傳說指南美洲南端的巴塔哥尼亞（Patagonia）在 1942 年曾經辦過世界盃賽事，邀請了德國和義大利等十二支歐洲和南美洲球隊參賽，不過這些球隊跟所屬國家的足協無關，只是由業餘球員組成的球隊。結果馬普切以半個東道主身分，在決賽以 2 比 1 擊敗德國成為「世界盃冠軍」。不過由於賽事並沒有官方文獻記錄保存至今，相傳國際足聯也不承認這次「世界盃」比賽，所以更沒有在任何官方檔案提及，令這次世界盃賽事到底是否存在過也成為國際足壇的懸案。

不過近年馬普切人開始組隊參與比賽便是鐵一般的事實。他們在 2007 年成立足協，宗旨是「建立馬普切人的文化實體」，後來也成為非國際足聯組織 CONIFA 成員國。馬普切從 2007 年開始與區內的地區球隊比賽，在這十三年間踢了

35 場有記錄的比賽，當中贏了 23 場，獲得 2015 年智利原住民錦標賽冠軍。本來馬普切在 2020 年準備首次參與 CONIFA 世界盃，成為首支參賽的南美洲球隊，可是因為新冠肺炎疫情令賽事取消。不過只要馬普切人繼續保持對足球的熱誠，相信不久後便看見他們踏上國際大賽的舞台。

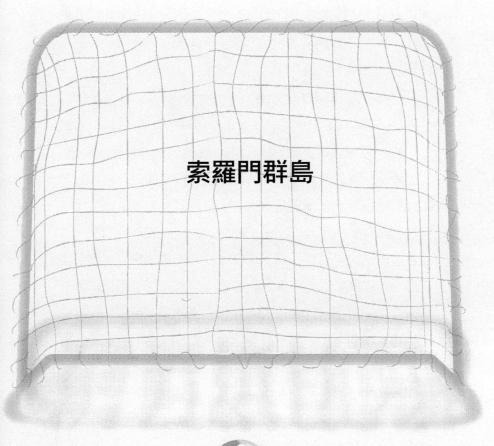

索羅門群島

在澳洲脫離大洋洲足聯之後，紐西蘭幾乎成為大洋洲區的足壇霸主，那麼還有什麼國家的球隊挑戰一下紐西蘭的地位呢，在云云島國之中，位於澳洲東北面的索羅門群島算是最接近的一隊。

索羅門群島在 1978 年才脫離英國獨立，不過他們在 1963 年已經組織代表隊參與南太平洋運動會足球項目，首戰便以 6 比 3 擊敗現稱萬那杜(Vanuatu)的新赫布里底群島。雖然索羅門群島跟大部分大洋洲島國一樣，橄欖球和板球等其他英式運動比足球更受歡迎，不過由於相對於其他鄰國，索羅門群島發展足球的歷史較悠久，所以整體水平較高，故此在區內的比賽獲得不錯的成績。縱然索羅門群島足球歷史上還沒能參與世界盃決賽圈，在大洋洲國家盃也還沒贏過冠軍，最佳成績也只是在 2004 年僅負澳洲成為亞軍，不過也踢出在大洋洲區足以傲視其他國家的成績。比如是 2006 年世界盃資格賽，索羅門群島居然擊敗紐西蘭晉級最後階段，雖然最終不敵當時仍然在大洋洲足聯的澳洲，無法取得世界盃決賽圈入場券，不過也成為史上首支除了澳洲以外能在世界盃資格賽擊敗紐西蘭的球隊。

索羅門群島的成年隊近年的成績維持在大洋洲第二至第三把交椅，目前在國際足聯排名獲第 184 位，在大洋洲區僅次於紐西蘭。索羅門群島由於在 2019 年之前是少數跟中華民國有邦交的國家，因此造就兩個相隔千里的國家在足球領

域上也有交流。台灣隊曾於 1999 年作客索羅門群島，最終雙方以 2 比 2 打和，及後在 2019 年台灣隊於友賽主場迎戰，可惜這次是索羅門群島以 1 比 0 取勝，索羅門群島累計成績是 1 勝 1 和。

索羅門群島在青年級別賽事近年有大突破，他們在 2018 年的 16 歲以下大洋洲錦標賽獲得亞軍，得以和冠軍紐西蘭一起參與 2019 年 16 歲以下世界盃（又稱世少盃）決賽圈，是索羅門群島代表隊首次參與國際足聯大賽決賽圈。索羅門群島在分組賽與義大利、巴拉圭和墨西哥交手，雖然 3 場賽事全部敗陣，而且一球沒進和丟了 20 球，不過對於新一代球員來說是非常寶貴的經驗。受疫情所累，索羅門群島國家隊自從 2019 年南太平洋運動會之後再沒有比賽，預計最快也要下年 3 月開打的世界盃資格賽才復賽，這一批小將或許就是等待這個舞台，將自己在世少盃舞台學到的東西展現出來。

吉布地

世界盃是足球最高舞台，能夠稱霸的球隊坦白說只有寥寥數支球隊而已。不過世界盃的吸引之處就是全世界受國際認可的政權都可以以獨立身分參賽，有時候更是無名氏國家創造奇蹟的舞台。東非小國吉布地一直在國際足壇沒什麼成績和地位，這個號稱是全球其中一個最不發達的國家，這次能夠突圍而出嗎？

吉布地跟大部分非洲國家一樣，以往曾經是法國的殖民地，所以縱使獨立建國之後，法語也是主要官方語言。這個位於赤道帶的國家人口只有 80 萬左右，而且國土大部分地區屬於沙漠帶，所以天然資源相當缺乏。加上吉布地自從1977 年獨立後一直陷入兩大種族的矛盾衝突之中，1991 年更爆發持續 10 年的內戰，以上種種因素令吉布地成為世上最不發達的國家之一。政局和經濟情況不佳，而且吉布地處於非洲大陸足球整體水平最差的東非地區，國際賽成績不濟是自然的事。吉布地甚至在 2002 年世界盃才首次參與資格賽，非洲盃也是 2000 年一屆才開始參與，奧運足球項目也是在 2008 年一屆才加入。而且由於經濟和政治問題，吉布地甚至並非每一屆世界盃、非洲盃和奧運都派隊參與資格賽，在這種情況之下，自然也很難有機會打進大賽的決賽圈階段。

在 2022 年世界盃資格賽開始前，吉布地只在世界盃資格賽贏過一場球賽，那就是在 2010 年世界盃決賽圈首輪賽事，吉布地在那場比賽以 1 比 0 擊敗鄰國索馬利亞獲得晉級

資格，不過在次輪分組賽慘遭埃及、馬拉威和民主剛果的屠殺，6 場比賽全敗，只進了 2 球卻失了 30 球。吉布地在此後兩屆世界盃資格賽都在首輪兩回合賽事全敗出局，到了這一屆賽事，吉布地在首圈遇上斯瓦帝尼，結果在主場以 2 比 1 取得史上第 2 場世界盃賽事勝仗，也以同樣的總比分再次晉級次輪分組賽，將與阿爾及利亞、布吉納法索和尼日爭奪晉級資格。

吉布地國家隊成員全部都是在國內球隊踢球，而且在 6 月舉行的阿拉伯盃資格賽也輸給黎巴嫩出局，看起來他們能夠擊敗擁有 Riyadh Mahrez 的阿爾及利亞取得小組唯一的晉級資格，相信真的要依靠奇蹟才可以。不過無論如何，能夠跟世界盃決賽圈級別的球隊交手，對吉布地足球來說應該也是寶貴的經驗。

索馬利亞

　　韓國電影《逃出摩加迪休》講述兩韓外交人員在 1990 年代受困於東非國家索馬利亞的反革命內戰，為脫出戰場而拋開「國仇家恨」聯手逃走，成為韓國今年票房最高的電影，最近也在台灣上映。索馬利亞在國際足壇沒有什麼亮眼成績，也因為內戰而接近十年缺席國際賽，所以他們能夠逐步從和平的狀況下參與國際賽，其實已經相當難能可貴。

　　索馬利亞曾經是英國和義大利的殖民地，所以足球在很早的時候便已經在這個從印度洋駛進地中海的門戶地區流行起來。根據史書記載，索馬利亞地區在 1940 年代便出現代表隊，而且還是因為要反抗義大利的殖民政府而成立，縱然是被統治也要在球場上不服輸。到了 1960 年當英國和義大利放棄殖民者身分，讓索馬利亞獨立建國，索馬利亞國家隊便開始參與比賽。索馬利亞始終是經濟發展很差勁的國家，所以到了 1974 年非洲盃資格賽才是他們首次參與的大型比賽。到了 1978 年，中國名帥戚務生在結束球員生涯轉任教練後，首項教練工作便是執教索馬利亞國家隊，不過任教成績是 1 和 3 負，然後戚務生便返回中國展開他的教練生涯青雲路。

　　索馬利亞首次參與世界盃已是 1982 年的一屆，當時他們參與 2 場比賽都落敗出局。然後索馬利亞因為財政和行政問題而沒有參與世界盃資格賽。到了 1991 年，索馬利亞爆發長達十多年的內戰，令他們幾乎在國際足壇完全消失，整

個 1990 年代只參與過三屆中東非國家盃賽事。就算他們在 2002 年世界盃資格賽重返國際足壇，也因為內戰還沒結束而沒能在主場比賽，直到如今就算內戰已經結束，不過因為國內政局仍然不穩，所以還是沒有國際賽可以在首都摩加迪休的球場舉行，包括 2022 年世界盃非洲區首輪賽事，索馬利亞也要移師吉布迪舉行「主場」賽事。雖然索馬利亞在「主場」以 1 比 0 擊敗辛巴威，不過次回合作客以 1 比 3 輸球，總比分落敗出局。

由於索馬利亞在最近三十年陷入內戰狀態，所以足球發展也成為相當奢侈的話題。還好該國還有一個 10 支球隊參與的國家聯賽，就算在內戰期間也只是間中數年沒有舉行。而且有不少索馬利亞裔人士因為逃避戰火而遠走歐洲國家，這些難民後裔雖然在英國和瑞典等地出生長大，最終也成為祖國國家隊的中堅力量。由歸化球員和本土聯賽球員組成的索馬利亞國家隊，在 6 月到了卡達參與亞拉伯盃資格賽，結果以 1 比 2 僅負在 2021 年 9 月爆冷擊敗日本的阿曼。縱然無緣晉級，對索馬利亞國家隊來說也算是不錯的成績。

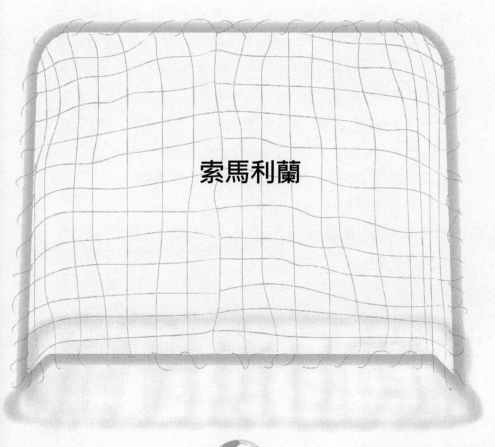

索馬利蘭

　　索馬利亞是世界上其中一個最貧窮和最混亂的國家，相比之下，國號幾乎跟索馬利亞一樣的「鄰國」索馬利蘭情況好一點，至少政局比「兄弟之邦」索馬利亞較穩定。不過這個主權獨立的國家由於不獲國際承認，所以無法在國際足壇獲得什麼地位。

　　索馬利亞地區以往是英國和義大利的殖民地，當地西北部是英國的殖民地，在 1960 年跟義大利殖民地合併並獨立為索馬利亞。不過索馬利亞在 1991 年爆發內戰，前英殖地區藉此宣告獨立稱為索馬利蘭。以位於南部的首都摩加迪休為根據地的索馬利亞中央政府不承認索馬利蘭獨立，聯合國和世界各國礙於索馬利亞的面子，在這三十年間也不承認索馬利蘭是獨立國家，只有中華民國承認索馬利蘭是獨立國家。所以索馬利蘭無法獲得國際足聯和非洲足聯的會員國身分，加上當地受索馬利亞內戰影響，以及經濟狀況是世界上其中一個最差的國家，所以根本無法發展足球，當地能夠有一個十二支業餘球隊參與的聯賽進行也已經是難得的事。

　　直到非國際足聯轄下的足球界近年開始活躍起來，索馬利蘭才開始組織代表隊參與非國際足聯的比賽。他們在 2014 年加入 CONIFA 組織，並於 2016 年首次參與 CONIFA 世界盃決賽圈。索馬利蘭的對手是來自北歐北部的薩米和印度的旁遮普，結果兩場比賽都以 0 比 5 大敗，在分組賽排最後一名。索馬利蘭繼而參與名次賽，在首輪以 3 比 2 擊敗位於印

度洋的英國屬地查哥斯群島，是索馬利蘭有記錄以來的首場勝仗。然後索馬利蘭在次輪排名賽遇上羅馬尼亞的匈牙利人自治區塞凱伊地，可惜這次以 3 比 10 慘敗，最終在 12 支參賽球隊中以第 10 名完成比賽。

　　索馬利蘭在 2017 年到倫敦跟英格蘭第 12 級業餘聯賽球隊 Peckham Town 比賽，結果以 0 比 4 落敗，因此在 CONIFA 世界盃的計分制度下沒能累計足夠分數，從而無法參與 2018 年 CONIFA 世界盃決賽圈。後來因為肺炎疫情令 2020 年 CONIFA 世界盃取消，索馬利蘭在最近數年都沒有比賽。索馬利蘭人要在足球場上讓世人認識自己的國家，恐怕還要無了期的等待。

東突厥

　　突厥族在中國歷史上占有舉足輕重的地位，其後裔目前已遍布世界各地，當中最為人所認識的便是國土橫跨歐亞大陸的土耳其。部分居於新疆一帶的突厥族後裔在近年發起東突厥斯坦獨立運動，成為令中國政府相當頭痛的問題。撇開政治事務不談，東突厥斯坦近年在足球世界開始活躍，雖有借助足球運動作政治宣傳之嫌，對足球發展而言卻是相當正面。

　　東突厥斯坦在國際足壇出現也只是近數年的事，由於他們仍然不獲國際承認，甚至被中國定性為恐怖分子，所以只能加入非國際足聯組織 CONIFA 成為會員。東突厥斯坦在 2019 年假德國舉行東突厥斯坦自由盃，召聚來自荷蘭、比利時、瑞典、挪威、法國和德國 6 個國家的東突厥斯坦人組成的球隊參賽，結果來自瑞典的東突厥斯坦人隊奪冠。同年的 10 月 14 日，東突厥斯坦正式組成代表隊，在荷蘭海牙跟來自印尼的西巴布亞比賽，可說是他們史上首場國際賽，結果以 8 比 2 大勝。兩個月後，東突厥斯坦出戰 CONIFA 世界盃資格賽，跟來自斯里蘭卡北部的坦米爾伊蘭比賽，可惜以 0 比 5 敗北出局。不過由於原定去年舉行的 CONIFA 世界盃決賽圈最終因為肺炎疫情而停辦，所以就算贏了也只是一場空。

　　隨著肺炎疫情令世界出現變化，東突厥斯坦在此後至今一直沒有舉行或參與足球比賽，反而是 Mesut Ozil 等球星牽涉在相關政治事件中才令這個地區繼續受關注，對足球發展而且是相當可惜。

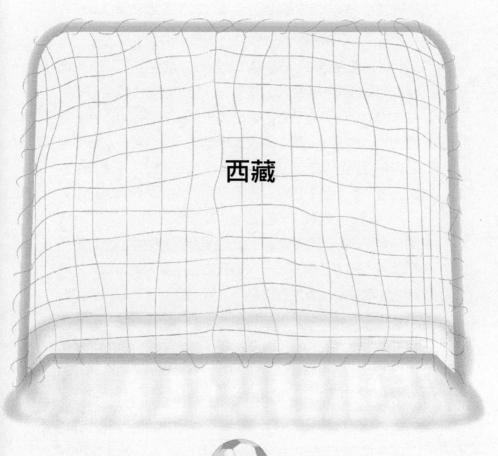

西藏

　　西藏對於中華人民共和國來說是國史以來其中一個最難搞的課題，一直以來認為自己是獨立國家的西藏流亡政府，在二十一世紀便懂得以足球團結人民和作宣傳用途。

　　西藏足協在 2001 年根據印度法律而成立，「西藏隊」從此便跟他們的精神領袖和流亡政府一樣，成為中國政府的眼中釘。由於中國一直認定西藏是國土一部分，所以西藏一直不獲國際社會承認為獨立國家或政體之下，自然無法獲得國際足聯和亞洲足聯接納為會員。不過西藏隊並沒有理會這些繁文縟節，反而是在印度政府和一個獨立紀錄片攝製團隊支持下，組織一支由散居印度各地的藏人所組成的球隊，到丹麥跟格寧蘭舉行「國際賽」，整個組軍及比賽過程後來也製作成紀錄片《被禁止的球隊》。中國政府在比賽開始前曾威脅丹麥政府，若准許比賽進行將對丹麥實施制裁，不過丹麥政府沒有理會，令西藏隊首場賽事順利進行。由於球員本身連在印度低級別聯賽也踢不上，加上在印度備戰時的設備簡陋，所以只能以 1 比 4 落敗。

　　既然已經開了先例，縱使中國政府再如何張牙舞爪，西藏隊也繼續在非國際足聯的世界足壇活躍起來。他們在 2006 年甚至參與非國際足聯組織舉辦的世界盃，與來自德國的聖保利共和國和現在已經是國際足聯和歐洲足聯成員的直布羅陀交手，雖然兩場比賽合共吃了 12 隻光蛋，不過對西藏隊來說是難得的經驗。西藏於同年也組隊到北賽普勒斯參與 EFL

盃，跟地主國、塔吉克和克里米亞韃靼人交手，結果也是全
數敗陣而且沒進一球。

及至 2013 年，西藏隊獲邀到法國馬賽參與名為「人民、
文化和部落」的國際賽，在這項比賽錄得史上最大的勝仗和
敗仗。西藏隊在這項比賽以 0 比 22 慘敗在普羅旺斯腳下，
及後則以 12 比 2 大勝西薩哈拉隊。到了 2018 年，西藏隊再
次參與非國際足聯組織舉辦的世界盃決賽圈，他們首場賽事
以 0 比 3 不敵來自歐亞交界國家喬治亞的阿布哈茲，雖然之
後兩場比賽都輸給北塞普勒斯和烏克蘭地區的匈牙利人隊，
不過兩場比賽都有進球，比以往吃光蛋的情況比較之下有進
步。及後在名次賽上，由於對手曼島退賽，令西藏隊獲得參
賽以來首場勝利。後來他們面對在日朝鮮人隊打和，僅以互
射十二碼落敗，在十六支參賽球隊中獲第 12 名。

可惜也是因為肺炎疫情關係，西藏隊此後一直沒有參與
比賽，相信要等到疫情結束後才有機會再次出現在非國際足
聯的賽事上。

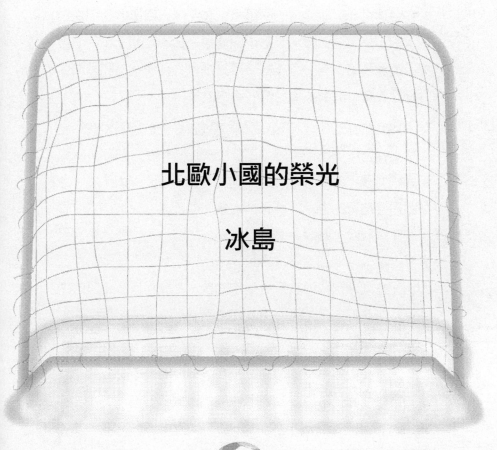

北歐小國的榮光

冰島

　　雖說地廣人壯的國家在體育運動發展較有天然優勢，不過在足球世界卻並非這一回事，至少全球人口最多的那幾個國家都不是足球強國。北歐小國冰島人口不足四十萬，而且成為歐洲弱旅多年，近年卻一舉打進世界盃決賽圈和歐洲盃打進八強賽，成為國際足壇的傳奇故事。

　　冰島在 1930 年便跟法羅群島進行史上首場國際賽，結果冰島作客以一比零勝出，不過由於那時候雙方都不是國際足聯成員國，所以並不計算為正式賽事。直到十六年後，冰島跟丹麥進行比賽，才算是首次參與國際賽，可惜這場比賽以零比三敗陣，好開始變成壞開局。由於冰島位置偏遠而且全年大部分時間都處於寒冷氣候，所以足球發展緩慢，在二十世紀在歐洲足壇一直只是陪跑角色。唯一可以拿出來的成績便是在 1980 年擊敗法羅群島奪得一個命為「格陵蘭盃」的短命友誼錦標賽。

　　冰島人口不多，當中參與足球賽事的人數更是有限，所以國家隊成員有不少是「世襲」。後來成為切爾西前鋒的名將 Eidur Gudjohnsen 在 1996 年 4 月冰島對愛沙尼亞的友賽入替父親 Arnor Gudjohnsen，創下父子一起參與同一場國際賽的記錄。現在 Eidur Gudjohnsen 的三個兒子都成為職業足球員，當中長子 Sveinn Aron Gudjohnsen 更在 2021 年成為新一代冰島國家隊成員，不過 Eidur Gudjohnsen 已退役數年，所以無緣再現父子同場獻技的佳話。

　　冰島國家隊在二十一世紀的成績進步明顯，2004 年歐洲盃和 2014 年世界盃資格賽都是僅與晉級相距一步之遙。到了 2016 年歐洲盃資格賽，他們終於成功創造歷史，主客都擊敗荷蘭，成為小組次名晉級決賽圈，而且出人意外地淘汰英格蘭打進八強賽。為國家隊征戰二十年的 Eidur Gudjohnsen 終於在三十七歲的時候實現參與大賽決賽圈的夢想，他在對匈牙利的分組賽和對法國的八強戰替補上場，並以隊長身分完成對法國一戰，也是他的國際賽告別戰。雖然冰島以 2 : 5 不敵法國，卻已經征服了所有球迷的心，或許英格蘭球迷除外。

　　接下來的世界盃資格賽，冰島雖然沒有 Eidur Gudjohnsen，仍然可以創造歷史新一頁，力壓克羅埃西亞、烏克蘭和土耳其等強敵取得小組首名直接晉級資格，首次打進世界盃決賽圈。

　　在世界盃決賽圈，冰島再與克羅埃西亞相遇，同組還有阿根廷和奈及利亞。冰島首戰遇上兩屆世界盃冠軍阿根廷，卻意外地打和對手，創造另一個小國傳奇。可是冰島實力始終有限，接下來兩場分組賽都輸球，最終以小組最後　名完成比賽。

　　冰島國家隊似乎隨著 2018 年世界盃決賽圈的露底而逐步回落，不僅在歐洲國家聯賽連戰連敗，從最高級別降級，在 2020 年歐洲盃資格賽也屈居法國和土耳其之後排在第三

名，要轉戰附加賽爭奪決賽圈席位。雖然他們在附加賽首圈擊敗羅馬尼亞，卻在決賽不敵匈牙利無緣晉級。然後在 2022 年世界盃資格賽，他們連亞美尼亞都沒能擊敗之下，十場比賽只有九分排在第五名，由於他們沒能在此前的第二屆歐國聯獲得小組首名，所以也沒有參與附加賽的資格，最終連續兩屆大賽決賽圈無緣參與，看來又再次回復歐洲足球弱國的角色。

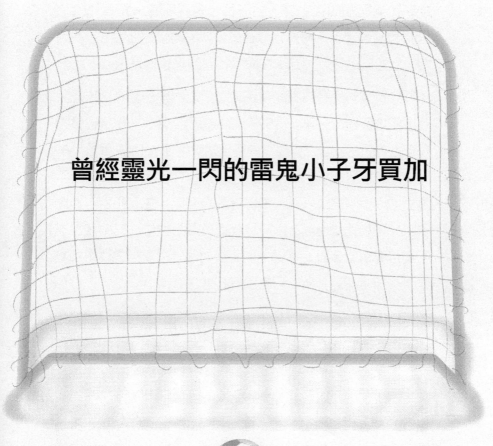

曾經靈光一閃的雷鬼小子牙買加

牙買加最著名的除了是陽光與海灘，百米飛人更是這個加勒比海國腳的代名詞。男子百米世界紀錄保持者 Usain Bolt 也喜歡踢球，可見足球在這個國家的受歡迎程度。不過相比起短跑，牙買加足球在國際社會的地位還是遠遠不及。

牙買加曾經是英國的殖民地，所以很早已經有足球運動在這個地區進行，早於 1925 年的時候，牙買加便獲邀參與在海地舉行的一項三角賽，首場正式賽事便以 2：1 擊敗地主國。由於牙買加仍然只是大英帝國一部分，所以在 1962 年獨立前只是組織代表隊跟古巴等鄰國交手。在 1962 年獨立後，牙買加很快便成為國際足聯會員國，並於 1966 年世界盃資格賽首次參與。不過他們的實力跟區內豪強墨西哥和哥斯大黎加等有差，所以一直沒能打進決賽圈。

到了 1990 年代，牙買加足球才有明顯進步，他們在 1991 年加勒比海盃決賽擊敗千里達及托巴哥，首次在國際大賽奪冠，然後 1993 年中北美洲金盃賽獲得季軍。1994 年，牙買加足協邀請巴西籍教練 Rene Simoes 任國家隊總教練，並開始在英格蘭聯賽物色有牙買加血統的球員加入，比如是 Frank Sinclair、Marcus Gayle 和 Deon Burton 等效力英超球隊的「英格蘭」球員，令牙買加戰鬥力大增，在 1998 年世界盃資格賽力壓哥斯大黎加獲得最後一輪分組賽第三名，首次打進世界盃決賽圈。

　　牙買加在 1998 年世界盃前的中北美洲金盃賽也有不錯的表現，他們在分組賽面對以外卡身分參賽的巴西，當時巴西有 Romario 和 Denilson 等名將參賽，牙買加卻能夠跟對手互無比分終場，更因此獲得小組首名晉級。雖然後來在四強賽和季軍戰都以零比一不敵墨西哥和巴西，表現卻備受肯定。到了 1998 年世界盃決賽圈，牙買加跟阿根廷、克羅埃西亞和日本同組，牙買加首兩場比賽都在毫無還擊之下慘敗，到了最後一場分組賽面對同樣已經肯定出局的日本，牙買加卻以二比一贏球，以小組第三名成績完成至今唯一一次參與的世界盃決賽圈。

　　可是在 1998 年世界盃後，「英超兵」的年齡漸長，牙買加也無以為繼，此後一直沒能打進決賽圈，2022 年世界盃決賽圈機會也不大，截至 2021 年 11 月底，他們只得 7 分排名第六位，距離參加附加賽資格的第四位巴拿馬，相差 7 分。

　　而在中北美洲金盃賽的成績也不怎麼樣，在近二十年間甚至有三次無法打進決賽圈。不過他們在 2015 和 2017 年兩屆賽事有一些小陽春，2015 年一屆的四強賽竟然擊敗地主國美國，可是在決賽不敵墨西哥；兩年後的一屆則是在四強賽淘汰墨西哥，在決賽被美國復仇成功，兩屆都只能屈居亞軍，卻已經是他們史上最佳成績。

　　目前牙買加也有不少從英格蘭「招攬」的歸化球員，包括西漢姆聯前鋒 Michail Antonio 和富勒姆中場 Bobby

Decordova-Reid，不過更多的是在牙買加出生和長大，然後在美職聯踢球的球員，整體水平比以往有所提升。當然如果要重返世界盃決賽圈，牙買加似乎仍要多加努力。

最貧困的國家卻有不俗的足球隊

海地

足球發展跟國力和人口絕非成必然正比，加勒比海島國海地是全世界其中一個最貧困的國家，人口也只有一千餘萬，卻曾經參與過世界盃決賽圈和拿過中北美洲金盃，是區內不可忽視的足球勢力。

海地早於十九世紀便脫離法國獨立，所以在足球發展上比鄰近地區的其他國家為高。海地先在 1957 年以四戰全勝成績奪得中美洲及加勒比海地區盃冠軍，是他們在國際賽的首個主要獎項。然後海地在 1959 年泛美運動會的足球項目以三勝三負成為奪得第四名。1970 年代可說是海地足球的黃金時代，他們在 1973 年的中北美洲錦標賽雖然輸給墨西哥，卻在其餘四場賽事贏球，在當時聯賽制之下獲得首名，從而首次奪得冠軍。由於當年的中北美洲錦標賽便是世界盃資格賽，所以海地得以在 1974 年參與世界盃決賽圈。

海地在 1974 年世界盃決賽圈與上屆亞軍義大利、阿根廷和波蘭同組，首戰以 1：3 不敵義大利，然後在第二場比賽以 0：7 慘敗在波蘭腳下，最後一場分組賽也以 1：4 不敵阿根廷，三場賽事都輸球，幸好也能帶著兩個進球離開西德賽場，這次也是海地至今唯一一次參與世界盃決賽圈。到了1978 年，海地在首屆加勒比海盃獲得季軍，翌年更以三戰全勝成績奪冠。

可惜及後海地政局動盪，主場比賽甚至要移師至美國邁阿密舉行，足球成績自然一落千丈。加上 2010 年當地發生

大地震，有三十多名球員、教練及從事足球人員因此喪生，令本來於 2007 年再奪加勒比海盃冠軍的海地隊延遲復興。到了 2016 年，海地擊敗千里達和托巴哥，獲得百年美洲盃參賽資格，雖然在分組賽對祕魯、巴西和厄瓜多三戰全敗只進一球，對海地球員來說也是寶貴經驗。在 2019 年中北美洲金盃賽決賽圈，海地在分組賽意外地三戰全勝首名晉級，包括擊敗分組賽地主國哥斯大黎加。海地在八強擊敗加拿大晉級，四強面對墨西哥也在加時階段才失守，最終以 0：1 飲恨出局，不過已經是他們在 1973 年奪冠後的最佳成績。

等待復興的巴爾幹獵鷹

蒙特內哥羅

　　歐洲人對民族主義相當看重，所以就算要變窮都寧願擁有屬於自己的國家，也因此不斷有新興國家獨立建國。蒙特內哥羅（Montenegro 港譯「黑山」）在 2006 年脫離塞爾維亞獨立，是歐洲其中一個建國日子最短的國家，足球代表隊還差點可以打進歐洲盃決賽圈，可是近年青黃不接問題嚴重，令號稱「獵鷹」的蒙特內哥羅足球陷入低谷。

　　蒙特內哥羅這名稱首次出現在國際足壇是在 2003 年，由於當年南斯拉夫只剩下塞爾維亞和蒙特內哥羅（還有到現在都不獲承認的科索沃），所以南斯拉夫正式更名為塞爾維亞與蒙特內哥羅，以此名參與 2004 年歐洲盃和 2006 年世界盃資格賽，結果打進了 2006 年世界盃決賽圈。可是決賽圈大軍名單只有 Mirko Vucinic 一名球員是來自蒙特內哥羅，後來這名前鋒因傷退隊，令「塞蒙」之稱名存實亡，「塞蒙」也在這一屆世界盃一敗塗地。在世界盃決賽圈開始前數周，蒙特內哥羅宣告獨立，因此「塞蒙」在世界盃後正式成為歷史。

　　由於歐洲足聯決定讓塞爾維亞取代「塞蒙」出戰 2008 年歐洲盃資格賽，因此還成為會員國而且沒有位置的蒙特內哥羅不獲參賽資格。蒙特內哥羅在 2007 年加入國際足聯和歐洲足聯，首戰便以 2：1 擊敗匈牙利。2010 年世界盃資格賽是他們首次參與大賽，可惜 10 戰只有 1 勝 6 和 3 負，排在小組第五名出局。到了 2012 年歐洲盃資格賽，蒙特內哥羅

擁有 Vucinic、Stevan Jovetic 和 Stefan Savic 等多名效力歐洲五大聯賽球隊的球員，在資格賽兩戰打和英格蘭，並壓倒瑞士、威爾斯和保加利亞三支曾參與世界盃決賽圈的球隊獲得次名，得以晉級附加賽。可惜面對踏入中衰期的捷克卻兩回合比賽都落敗，無緣首次參與大賽決賽圈。

此後蒙特內哥羅在歐洲盃和世界盃資格賽都獲得不錯的成績，可是總是排在小組第三名，連附加賽資格都拿不到。隨著 Jovetic 和 Savic 等人的老去和逐漸淡出，蒙特內哥羅陷入青黃不接，在 2020 年歐洲盃資格賽更只以 3 和 5 負成績排在最後一名，自然也無法入圍，然後在 2022 年世界盃資格賽也宣告晉級失敗。當另一支長期積弱的前南斯拉夫成員國球隊北馬其頓近年都已經冒起，蒙特內哥羅若沒有起身，恐怕有機會成為「前南」地區足球發展最差的國家。

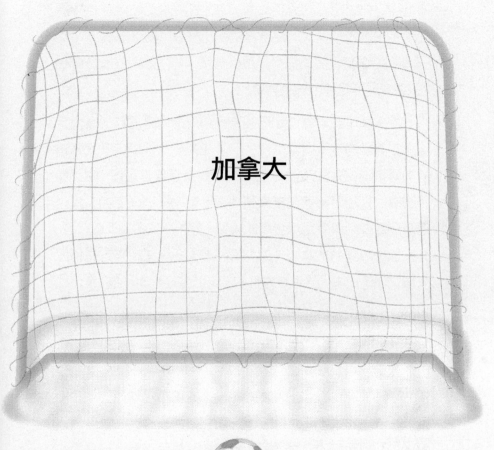

加拿大

　　當美國近年大力發展足球，從足球荒漠變為世界盃決賽圈常客，與之比肩的北美大國加拿大卻好像仍在足球世界原地踏步。不過加拿大的足球歷史遠比一般人想像的深厚，女子隊更在 2020 奧運會女足項目奪金，男子隊則很大機會在 2022 年再度打進世界盃決賽圈。

　　加拿大早於十九世紀已經流行踢球，當時已有加拿大足球隊跟美國的球隊切磋球技。到了 1904 年，來自安大略省的加爾特隊（Galt）更代表加拿大奪得奧運足球金牌，縱然當屆賽事只有加爾特和兩支美國球隊參賽，不過好歹加拿大也是第二個拿到奧運足球金牌的國家。翌年一支名為「朝聖者」的英國球隊到訪加拿大，跟加爾特隊來一場當時來說是世界冠軍之爭的比賽，結果雙方打和。到了 1924 年，加拿大正式組成國家隊遠赴澳洲參與巡迴賽，可是在史上首場比賽以 2：3 不敵地主國。

　　加拿大早於 1912 年便成為國際足聯成員國，不過在 1928 年的時候，英倫三島四個地區成員就業餘球員的薪金爭議跟國際足聯談不攏，加拿大為表支持而跟隨英倫三島成員而退出，因此錯過參與 1930 年代的世界盃賽事。加拿大在 1946 年回歸國際足聯，不過足球發展已經落後於歐洲和南美地區，所以一直無法冒出頭來。直到 1985 年的中北美洲錦標賽，由於當時是以世界盃資格賽的性質存在，所以 1986 年世界盃決賽圈地主國墨西哥沒有參與，而美國當時未成氣候，

造就加拿大首度奪冠，從而於 1986 年首次參與世界盃決賽圈。

在 1986 年世界盃決賽圈，加拿大可說是交足了學費，首仗面對擁有球王 Michel Platini 的法國，加拿大奮力防守仍然不敵 Jean Pierre Papin 的射門，最終以 0：1 告負。然後加拿大連續兩場以 0：2 不敵匈牙利和蘇聯，最終三戰全敗一球不進之下出局。

這次入圍決賽圈並沒有對加拿大足球發展有太大的幫助，縱使陣中擁有 Craig Forrest 等效力英超及歐洲聯賽球隊的球員，加拿大在此後十多年都無法在世界盃和中北美洲金盃賽創造好成績。

到了 2000 年金盃賽，加拿大在分組賽對哥斯大黎加和獲邀參賽的韓國都打和，進球數跟韓國一樣，最終只靠擲錢幣贏了才壓倒韓國晉級。不過加拿大過了分組賽大關後愈戰愈勇，先後淘汰墨西哥、千里達及托巴哥，再於決賽以 2：0 擊敗另一支邀請球隊哥倫比亞，第二次成為中北美洲冠軍，也是改稱金盃後唯一一次打破美國和墨西哥壟斷冠軍的局面。加拿大也因此獲得參與 2001 年洲際國家盃的資格，他們在日本雖然在分組賽以最後一名出局，卻能打和巴西獲得唯一一分。

可是加拿大此後又打回原形，雖然在二十一世紀的每一屆金盃賽都能參與決賽圈，而且在 2000 年奪冠後兩度打進四強，不過在世界盃資格賽始終是看不到晉級的機會。

加拿大近年積極發展足球，除了有三支職業球隊參入美職聯，造就 Alphonse Davies 和 Jonathan David 等球員得以由美職聯跳上歐洲五大聯賽，更組織職業化的加拿大超級聯賽提升國內足球水平。結果加拿大在 2022 年世界盃資格賽最後一圈賽事首八場賽事踢完後排在八隊之首，對墨西哥和美國三場比賽更是全部不敗，很有機會再次進軍決賽圈。加上 2026 年世界盃決賽圈已落實由加拿大、美國和墨西哥三國合辦，雖然仍然未確定會否因此獲得直接晉級資格，不過主辦世界盃將肯定對加拿大足球有利好影響。

印度

世上除了中國之外，印度便是人口最多的國家，雖然印度足球在不少球迷心目中或許是不入流，不過原來他們也曾經是真正的亞洲足球王國。

印度跟英國的關係不言而喻，因此印度在足球發展的歷史比亞洲大部分國家都悠久，在二戰前便組成印度人和英國人的聯隊到日本和澳洲等地踢巡迴賽。由於印度並沒有遭受二戰戰火摧毀，所以戰後迎來足球黃金時代，先是在 1948 年以「赤腳軍團」征戰奧運，面對法國只以一比二落敗。由於亞洲區其他球隊退出，印度本來獲得 1950 年世界盃決賽圈參賽資格，可是最終因為經費問題以及印度較希望參與奧運會而錯過唯一參與世界盃決賽圈的機會。

雖然如此，印度足球隊在 1950-60 年代的亞洲足壇處於統治地位，先是在 1951 年和 1962 年亞運會兩度奪得足球金牌，繼而在 1956 年奧運會足球項目打進四強，可惜在銅牌戰落敗無緣獲得獎牌。在 1964 年的亞洲盃決賽圈，印度擊敗韓國和香港，只是不敵地主國以色列屈居亞軍，首次參賽便獲得最佳成績。

可惜到了 1970 年代開始，印度足球發展大不如前，不再是亞洲足球強國，只能夠在整體足球水平不濟的南亞區稱王。直到 2008 年才奪得亞足聯挑戰盃，才得以繼 1984 年一屆後第三次打進亞洲盃決賽圈，可是小組賽三戰全敗出局。印度在最近十年積極發展足球，在 2014 年舉辦印度超級聯

賽，招來大量已退役或接近退役的國際球星復出打響名堂。雖然印度足球隊的進步水平比較緩慢，仍然能夠靠自身實力打進 2019 年亞洲盃決賽圈，這次是以 1 和 2 負的成績出局。雖然印度沒能在 2022 年世界盃晉級決賽圈，不過在次圈資格賽獲得小組第三名，在亞洲盃第三圈分組賽成為國際足聯排名最好的六支球隊之一，有助他們爭取在 2023 年再次打進決賽圈。

庫克群島

　　2022 年世界盃大洋洲區資格賽因為肺炎疫情再三延遲賽期之下，終於確定在 2022 年 3 月開打，隨著兩支薩摩亞隊退出，這一屆資格賽只有九支大洋洲球隊角逐，當中國際足聯排名最低的便是庫克群島。

　　庫克群島是澳紐以東的群島自治體，名義上是紐西蘭領土，不過由於獲得國際承認是自治體，因此可以成為國際足聯和大洋洲足聯的成員參與國際大賽。由於足球在這個地區並不發達，所以庫克群島在區內也長期扮演弱旅角色，史上首場比賽在 1971 年舉行，當時便以 1：16 慘敗在巴布亞紐幾內亞腳下。

　　1998 年世界盃資格賽是庫克群島首次參與大賽，結果對湯加和美屬薩摩亞都落敗，在小組敬陪末席。同一年庫克群島在玻里尼西亞盃獲得亞軍，從而獲得參與大洋洲國家盃決賽圈資格。

　　他們跟澳洲和斐濟同組，縱然澳洲只派在本土聯賽踢球的球員參賽，Harry Kewell 和 Mark Bosnich 等旅歐球星全部缺席，庫克群島還是吃了 16 隻光蛋。然後在對斐濟的比賽中，庫克群島再以 0：1 敗陣，兩戰皆北之下出局。

　　兩年後，庫克群島再以玻里尼西亞盃亞軍身分參與 2000 年大洋洲盃決賽圈，這次他們再次面對澳洲卻輸得更慘，最終吃了十七隻光蛋，當然這比他們在 1971 年以 0：30 恥辱

性敗在大溪地腳下好很多。慘敗給澳洲後，庫克群島雖然以
1：5 敗在索羅門群島之下出局，也始終撈到在大洋洲國家盃
決賽圈的首個進球。

不過隨著玻里尼西亞盃此後再沒有舉辦，庫克群島再也
沒有參與過大洋洲國家盃決賽圈。從 1998 年一屆起便沒有
缺席世界盃資格賽，而且在 2010 年一屆資格賽以 4：1 擊敗
吐瓦魯，取得參賽以來首場勝仗。

到了 2015 年舉行的 2018 年世界盃資格賽大洋洲區首
輪賽事，庫克群島更擊敗薩摩亞和湯加，只是不敵美屬薩摩
亞，他們跟兩支薩摩亞隊都是同分，可惜在得失球差不及對
手出局。

由於 2018 年世界盃資格賽首輪賽事同時也是 2016 年
大洋洲國家盃的資格賽，所以庫克群島沒能獲得決賽圈入場
券。此後他們沒有參與友誼賽，也因為肺炎疫情導致 2020 年
大洋洲國家盃取消，令庫克群島已經超過六年沒有比賽，在
2022 年 3 月舉行的世界盃資格賽首輪賽事，就是他們在六
年多以來的首場比賽，對手是老熟人湯加，如果取勝便可以
晉級，跟索羅門群島、大溪地和萬那杜爭奪晉級席位。當然
以庫克群島長達六年都沒比賽的狀況下，要跟三支實力比他
們強的對手爭奪晉級資格實在困難，不過至少可以令這支代
表隊「復活」，對當地足球運動發展肯定是利多於弊。

愛沙尼亞

在一眾前蘇聯成員國之中，波羅的海三國在體育成就上是比較遜色的，在足球領域更是鮮有佳作。雖然如此，剛於去年獲得波羅的海盃冠軍的愛沙尼亞足球也曾經有值得驕傲的一面。

雖然是前蘇聯成員國，愛沙尼亞卻擁有超過一百年的足球歷史。早於 1920 年便獨立成國，同年便進行首場國際賽，結果以 0：6 慘敗在海峽對岸的芬蘭腳下。四年後愛沙尼亞國家隊有幸參與奧運足球項目，可惜在首圈便以 0：1 不敵美國出局，這也是他們唯一一次參與奧運。愛沙尼亞從 1928 年起便參與波羅的海盃，在九屆賽事中贏了三次冠軍。他們亦在 1933 年參與世界盃資格賽，雖然以 2：6 不敵瑞典，卻是世界盃史上首場資格賽。

到了 1940 年，愛沙尼亞被蘇聯吞併淪為成員國，由於再也不是主權國家所以絕跡國際賽。跟蘇聯其他地區相比，愛沙尼亞的足球水平缺乏競爭力，導致足球不再受當地民眾歡迎，甚至沒有派隊參與蘇聯的國內比賽，直到 1970 年代才重新發展足球運動，不過始終沒有在蘇聯帶來影響力。直到 1991 年脫離蘇聯再次獨立，愛沙尼亞才重返國際足壇。雖然擁有曾經效力英超球隊德比郡和兵工廠的門將 Mart Poom 在陣，愛沙尼亞始終只是弱旅，所以一直在世界盃和歐洲國家盃資格賽無法爭取晉級資格。

隨著國內局勢逐漸穩定以及足球運動逐步發展，尤其是在千禧年後接連由荷蘭人當總教練後，愛沙尼亞國家隊的成績也有少許進步，甚至在 2006 年世界盃資格賽和 2012 年歐洲國家盃資格賽接近拿到決賽圈的入場券。

愛沙尼亞在 2006 年世界盃資格賽獲得五勝二和五負，在七支球隊中排第四名出局，比第二位的斯洛伐克少 6 分。到了 2012 年歐洲國家盃資格賽，愛沙尼亞更壓倒塞爾維亞、斯洛維尼亞和北愛爾蘭三支前世界盃決賽圈球隊排在第二名，得以參加附加賽。可惜在附加賽首回合便在主場以 0：4 慘負愛爾蘭腳下，次回合雖然以 1：1 打和，仍然不足以反敗為勝獲得決賽圈資格。

愛沙尼亞雖然有前利物浦中衛 Ragnar Klavan 等效力西歐主流聯賽球隊的球員壓場，成績仍然是沒有太大起色，在 2020 年歐國聯丙級聯賽分組賽排在最後一名，需要在 2022 年三月的附加賽勝出才可保級，另在 2022 年世界盃資格賽更以一勝一和六負成績出局。不過他們在去年舉行的波羅的海盃奪得第四次冠軍，是自 1938 年後再次奪冠，或許這次奪冠是該國足球重新振作的契機。

巴林

　　阿拉伯國家對足球運動相當熱愛，所以在亞洲地區來說，阿拉伯國家的足球隊普遍有不錯的實力和成績。巴林足球隊在阿拉伯諸國中一直是二線角色，他們曾經兩度跟世界盃決賽圈擦身而過，近年在葡萄牙教練團的指導下再次迎來另一個高峰。

　　巴林在脫離英國獨立前已經積極參與足球運動，在 1966 年便組織代表隊到伊拉克跟科威特踢比賽，結果以 4：4 打和，是他們歷史上首場國際賽。到了 1970 年代獨立成國後，巴林開始參與亞洲盃和世界盃資格賽，於 1988 年首次打進亞洲盃決賽圈，在分組賽打和沙烏地阿拉伯和科威特，輸給中國和敘利亞，以小組最後一名成績出局。直到二十世紀差不多結束的時候，巴林足球隊才真正成為區內有競爭力的球隊，他們在 2000 年亞洲盃資格賽兩度擊敗伊朗，並於 2002 年世界盃資格賽再次擊敗伊朗，成為伊朗無緣參與 2002 年世界盃決賽圈的「元兇」。

　　到了 2004 年，巴林再次打進亞洲盃決賽圈，他們在分組賽打和地主國中國和卡達，然後擊敗印尼以小組第二名身分晉級，並於八強戰互射十二碼氣走烏茲別克，雖然在四強戰以 3：4 力戰不敵日本，再於季軍戰不敵伊朗，獲得第四名已經是目前來說的最佳成績了。這只是巴林足球輝煌時期的開始，巴林在 2006 年世界盃資格賽亞洲區附加賽兩回合都跟烏茲別克打和，以作客進球較多取得最後一輪附加賽資格。

巴林跟中北美洲球隊千里達及托巴哥爭奪決賽圈席位，他們首回合以 1：1 賽和，可是在第二回合作客以 0：1 僅負，無緣打進決賽圈。四年後的世界盃資格賽，巴林在亞洲區附加賽再以較多作客進球擊退實力更強的沙烏地阿拉伯，跟大洋洲冠軍紐西蘭爭奪決賽圈席位，可惜歷史再度重演，巴林首回合主場打成 0：0，次回合作客以 1：0 落敗，第二度失落幾乎到手的世界盃決賽圈資格。

巴林在 2004 年亞洲盃後連續五屆都能打進決賽圈，可是此後三屆都在分組賽出局，到了 2019 年一屆好一點，在分組賽以第三名晉級十六強賽，然後在加時後不敵韓國出局。而在失落兩屆世界盃決賽圈資格後，巴林在最近三屆賽事連亞洲區資格賽最後一輪分組賽都沒能參與，唯一的亮點是 2014 年一屆資格賽以 10：0 大破沒有派上最佳陣容上場的印尼，創出該國史上最大勝仗，2022 年一屆資格賽則屈居伊朗和伊拉克之後出局。

不過巴林在 2019 年在葡萄牙籍教練 Helio Sousa 領軍下，連奪西亞足球錦賽和海灣盃冠軍，是他們首次拿到這兩項區內賽事的錦標。在 2023 年亞洲盃第三圈資格賽的參賽球隊中，巴林是第二最佳國際足聯排名的球隊，相信連續六次打進決賽圈的機會相當高，屆時也許是他們收復世界盃資格賽失利的時候。

北賽普勒斯

　　歐洲盃決賽圈在今年 6 月終於展開，不過有一支球隊在可見的將來都沒可能參與歐洲盃，那就是位於地中海上的北賽普勒斯。

　　賽普勒斯和北賽普勒斯其實是兩個分治賽普勒斯島的政治實體，不過由土耳其裔人士建立的北賽普勒斯從 1974 年宣布獨立至今，全球只有同宗的土耳其承認為獨立國家，所以根本無法加入國際足聯、歐洲足聯或亞洲足聯。

　　不過跟土耳其一樣，足球在北賽普勒斯是最受歡迎的運動，所以一直很積極參與「國際賽」，當然也有向外宣揚自己是獨立國家的政治考量。既然沒能跟國際足聯成員國或地區比賽，於是北賽普勒斯便與其他非國際足聯成員的代表隊比賽，他們在 2006 年便贏得由非國際足聯成員代表隊組成的 FIFI 世界盃冠軍。6 年後，北賽普勒斯再參與由 FIFI 世界盃進化而成的 VIVA 世界盃，這次也獲得亞軍。後來他們也參與了 2016 和 2018 年的 CONIFA 世界盃，分別獲得季軍和亞軍，這張圖片便是前西漢姆聯青年軍出身，後來擁有蘇超和澳職經歷的前鋒 Billy Mehmet 在 2018 年一屆賽事進球後的慶祝時刻。

百慕達

　　位於加勒比海的百慕達，相信不少人都聽說過這個名字，不過相關的話題總是圍繞著會令商船神祕失蹤的三角洲地域，以及近年一度成為國際話題的逃稅天堂。除了這些東西，百慕達的足球隊近年也開始進入中北美洲的大舞台。百慕達國家隊會在中北美洲金盃賽資格賽亮相，希望能夠突圍而出，連續兩屆打進決賽圈。

　　百慕達其實不是國家，是英國海外屬地，所以「國歌」也是大家很熟悉的《天祐女皇》。雖然她不是一個主權獨立的國家，不過也跟英治時的香港一樣，在 1928 年已成立專屬足球協會，並於 1962 年成為國際足聯會員，擁有參與世界盃和中北美洲盃賽的資格。百慕達在 1964 年參與首場國際賽，結果以 3 比 4 不敵冰島。由於實力不怎麼樣，所以從 1969 年中北美洲錦標賽參與大賽資格賽以來，一直都沒法打進大賽的決賽圈，直到 2019 年的中北美洲金盃賽才作出零的突破。

　　在這段期間，百慕達也曾經出產過參與英格蘭頂級聯賽的球員，先是 1968 年開始效力西漢姆聯的前鋒 Clyde Best，中場球員 Kyle Lightbourne 則在 1997 年短暫效力科芬特里城，然後到了千禧年代則有協助曼城重返英超的 Shaun Goater，這名曾經在曼徹斯特德比以進球協助曼城擊敗曼聯的前鋒，相信有一定看球資歷的球迷會有印象，他也是百慕達國家隊史上進球最多的球員，22 次上場進了 20 球。近年

則有前鋒 Nahki Wells 曾經在 2017-18 年賽季穿上伯恩利的球衣在英超上場，他也是近年百慕達國家隊冒起的主要人物。

　　拜中北美洲足聯的古怪賽制所賜，百慕達得以打進 2019 年金盃決賽圈。當年中北美洲足聯將 34 支球隊分為 4 個級別，每個級別隨機與 4 個級別的其中一支球隊交手，踢完 4 場比賽後按積分計算名次，首 10 名便獲得決賽圈參賽資格。百慕達雖然首戰便輸給阿魯巴，不過之後連贏 3 場比賽，包括曾經踢過世界盃決賽圈的薩爾瓦多，結果百慕達在總成績排第 5 名，首次登上國際大賽決賽圈的舞台。

　　百慕達在決賽圈跟海地、哥斯大黎加和尼加拉瓜同組，面對實力較強的海地和哥斯大黎加，百慕達都在有進球之下敗陣，到了最後一場小組賽，Wells 射進這屆賽事的第 2 個進球，協助百慕達取得史上首場大賽決賽圈勝利。百慕達在前兩天舉行的金盃資格賽以 8：1 大勝巴貝多，第二輪將面對海地爭奪決賽圈參賽資格。對於百慕達來說，如果能夠連續 2 屆賽事都參與決賽圈，就是該國足球進步的證明。

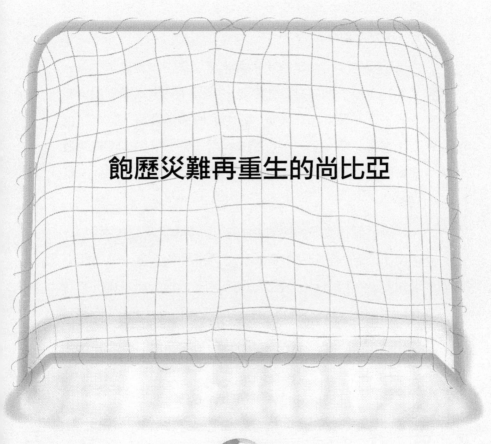

飽歷災難再重生的尚比亞

在一眾還沒有踢過世界盃決賽圈的非洲國家隊當中，尚比亞可說是成績比較好的一支球隊，對於這支曾經被空難毀掉的球隊來說是很難得。

尚比亞在 1974 年首次參與非洲盃決賽圈便拿到亞軍，到了 1990 年代初期更達到高峰，奪得 1990 年非洲盃季軍和 1992 年一屆打進八強賽。正當他們準備進軍 1994 年世界盃決賽圈之際，卻在 1993 年 4 月前往象牙海岸參賽時發生空難，造成 18 名球員身亡，也因此毀掉了進軍世界盃決賽圈的夢想。

不過他們很快便振作起來，在 1994 年非洲盃再獲亞軍。此後尚比亞足球等到 2010 年代才再度復興，在 2012 年非洲盃決賽賽和擁有 Didier Drogba 等多名世界級球星的象牙海岸，最後以互射 12 碼擊敗對手成為非洲冠軍，當屆的主辦國便是 1993 年空難發生的地點加彭，可說是冥冥之中有主宰。

雖然尚比亞沒能藉這次冠軍再進一步，連同今年舉行的非洲盃決賽圈，他們將是連續 3 屆賽事沒能參與，不過尚比亞近期已有不少新星冒出頭來，當中最令人期待的是效力奧地利冠軍球隊薩爾斯堡的 Paston Daka。這名 22 歲前鋒先是在 2017 年率領尚比亞打進 U20 世界盃 8 強賽，然後在最近兩個賽季的奧甲聯賽都射進 24 球。所以尚比亞如果出現在 2022 年世界盃決賽圈，也許大家不用覺得意外。

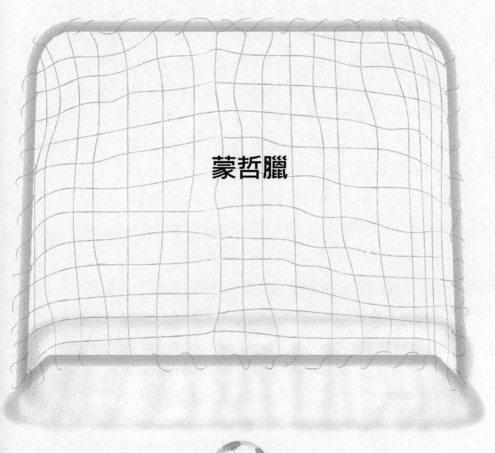

蒙哲臘

位於加勒比海的英國海外屬地小島蒙哲臘
（Montserrat）一度是國際足聯排名最低的國家，這個目前
只有不足 5,000 人口的小島在 1996 年便加入國際足聯，不
過因為該國在 1995 年受火山爆發影響令超過一半地區被列
為禁區，從而無法發展足球運動，連代表隊比賽也只能到島
外進行，因此總是慘敗收場，分別在 1995 年加勒比海盃資
格賽和 2004 年世界盃資格賽兩回合合共以 0 比 20 敗在聖
文森及格瑞那丁和百慕大腳下。

在 2002 年世界盃決賽舉行那一天，蒙哲臘亦作客不丹
舉行「另一個決賽」，雙方當時都是國際足聯排名最低球隊，
結果蒙哲臘在這場比賽慘吞 4 隻光蛋，成為最差之中的最差。

蒙哲臘受火山影響，所以無法恆常參與比賽，及至 2012-
14 年期間連勝 2 場比賽和打和 1 場比賽，令他們的排名升
上史上最高的第 184 位。後來拜中北美洲國家聯賽成立所賜，
以及曾代表蘇格蘭參與 1978 年世界盃決賽圈的 Willie
Donachie 成為總教練，並加上吸納大量來自英格蘭低級別
聯賽的球員，蒙哲臘在 2018-19 年獲得史上最長的 4 連勝，
而且在今年 3 月的世界盃資格賽連續 2 場比賽打和，正式跟
世上最弱球隊這稱號說再見。

聖馬利諾

對歐洲足球有比較深入認識的朋友，相信對聖馬利諾這支萬年弱旅不會陌生，甚至一直以來有不少香港球迷笑言到底香港隊跟他們比賽會是贏還是輸。雖說破船總有三斤釘，聖馬利諾好歹也是歐洲球隊，實力應該不會太差吧。不過殘酷的現實是原來這支不少球迷熟悉的國家隊，已經在最新的國際足聯排名掉到第 210 位，簡單來說就是最後一位，現在說他們是世上最弱的國家隊也沒有反對的理由。

聖馬利諾是一個國界完全被義大利圍繞的內陸國家，人口只有 3 萬餘人，縱然他們的足協在 1931 年已創立，並擁有一個 15 支球隊參與的業餘聯賽，可是由於參與足球的人口太少，據英國廣播公司在今年 3 月的專題報道所說，該國只有約 1,800 名註冊球員，還是包括了所有男、女子和五人足球球員，而且參與業餘聯賽的球員當中只有約 100 人是聖馬利諾國民，加上當地的足球文化一直以享樂為主，跟英格蘭和德國等世界級球隊比賽的目標竟然是半場休息時跟對手交換球衣，所以自從 1988 年加入國際足聯和歐洲足聯，得以參與世界盃和歐洲盃資格賽，不僅沒能突圍而出，而且還從沒贏過球，踢了 142 場比賽竟然只有 3 和 139 負，進 19 球失 650 球的「輝煌戰績」。聖馬利諾歷來只有 1 次贏球，就是 2004 年在友誼賽以 1 比 0 擊敗列支敦斯登。

不過聖馬利諾也想擺脫最弱球隊的命運，所以在 2018 年找來曾於 1996 年歐洲盃的義大利國家隊教練團成員 Franco

Varrella 成為總教練，以及找來曾經執教博洛尼亞和卡利亞里等多支球隊的 Daniele Arrigoni 擔任技術總監，希望盡量改變聖馬利諾的足球環境。

在去年的歐洲國家聯賽，聖馬利諾便以 0 比 0 打和列支敦斯登和直布羅陀，至少不用再當「三零部隊」。雖然早前被準備參與歐洲盃決賽圈的義大利以 0 比 7 大屠殺一場，不過及後能夠在科索沃身上進球，以及面對義大利 U20 隊只負一球，也算是開始看到進步的跡象。

英屬處女島

在芸芸加勒比海島國之中，英屬維京群島和美屬維京群島相信是比較為華人所認識，尤其是對於香港人而言，由於譯名是「處女島」，所以或許對這個島有點瑕想。這個既跟處女無關亦沒有維京海盜的地方，縱然足球運動發展並不發達，不過當地居民仍然樂於參與足球運動。

在兩個維京群島之中，以英屬維京群島的足球發展歷史較悠久。畢竟英屬維京群島是大英帝國的海外屬地，所以足球運動也很早便在這裡廣受歡迎，足球更是駐守當地的英國皇家海軍人員的主要消遣活動。到了 1968 年，駐守當地的英國皇家工程師首次以英屬維京群島隊名義組軍，5 年後該地足協正式成立，翌年便成為國際足聯成員。英屬維京群島在 1985 年首次參與有正式紀錄的國際賽，對手是同樣來自加勒比海的英國海外屬地安吉拉，結果英屬維京群島以 1 比 0 取勝。5 年後，英屬維京群島更以 6 比 0 大勝安吉拉，是他們直到目前最大的勝仗。

不過英屬維京群島畢竟只是人口僅有 3 萬餘人的群島，所以足球運動難以發展良好，縱然在 2000-2001 獲得當時初出茅廬，後來成為切爾西領隊的葡萄牙人 Andre Villas-Boas 成為足協技術總監，國際賽成績還是不好。他們從沒有打進中北美洲金盃賽決賽圈，從 2002 年世界盃資格賽參賽以來，也沒有贏過一場世界盃比賽。這支以效力英格蘭地區業餘聯賽球隊的球員組成的球隊，在 2019 年的首屆中北美國家聯賽的丙級賽事也是 4 戰皆北，在小組敬陪末席。但是他們的球員仍然希望藉國際賽表現自己，爭取較高級別的職業球隊垂青，實現職業足球員的夢想。

美屬維京群島

如果跟運動迷談及美屬維京群島，相信首先想起的必然是綽號「石佛」的前 NBA 冠軍球員 Tim Duncan。相比之下，足球在美屬維京群島的發展情況便差得遠。雖然他們也是國際足聯成員，從 2002 年世界盃資格賽開始便參賽，不過他們直到兩年前才擁有足球專屬的球場，難怪國際賽成績無法有起色。

美屬維京群島雖然是足球運動並不發達的美國擁有的領土，不過他們在 1970 年代便成立足協，到 1990 年代才受國際足聯承認代表隊的地位，到了 2000 年才正式參與國際足聯和中北美洲足聯的賽事。跟「姊妹地」英屬維京群島一樣，他們的實力在中北美洲區也是末流，所以自然也無緣參與中北美洲金盃賽和世界盃決賽圈，在兩年前作客以 3 比 0 擊敗安吉拉已是他們在國際賽史上最大的勝利。

由於是美國的領土，所以美屬維京群島的主流運動是棒球、籃球和美式足球，因此就算是國際賽也只能安排在棒球場舉行。在 2012 年的時候，美屬維京群島足球代表隊一向使用的棒球場進行改建，計劃是改建為綜合運動公園，可是計劃內卻沒有包括興建足球專用的球場。直到 2019 年 8 月，一個觀眾容量僅 1,200 人的足球場終於啟用，當地才首次擁有足球專屬球場，對於當地的足球界來說已是難能可貴。在 2019 年的中北美洲國家聯賽丙級賽事，美屬維京群島作客以 2 比 1 擊敗法屬聖馬丁，雖然也只是以 1 勝 3 負成為完成比賽，不過成績比英屬維京群島好一點，至少也可以在「兄弟」面前炫耀一下吧。

亞美尼亞

　　歐洲足壇近年可說是不斷創造奇蹟故事的地方，冰島和北馬其頓的傳奇故事似乎已經接近尾聲，不過看起來又有新的小國球隊即將興起，亞美尼亞會是新的奇蹟球隊嗎？

　　亞美尼亞嚴格來說應該算是亞洲國家，因為她的地理位置其實是屬於亞洲地區，不過歷史和政治因素令她自從 1992 年獨立起便成為歐洲足聯的成員國，從 1994 年開始便參與每一屆歐洲盃和世界盃資格賽。由於亞美尼亞在蘇聯時代只是邊陲的小地區，所以足球發展並不特別發達，令亞美尼亞獨立後的足球實力也只能算是歐洲末流。在 2010 年世界盃之前都只是毫不起眼的弱旅，也沒有什麼球員能夠參與西歐主流聯賽。直到最近十年，亞美尼亞足球才開始在歐洲創出少許成績。

　　亞美尼亞在 2012 年歐洲盃資格賽與俄羅斯、斯洛伐克和愛爾蘭等強敵同組，開賽前沒有人把他們放在眼內是自然的事，尤其是他們在首場比賽主場不敵愛爾蘭。不過後來他們能兩度大勝剛參與世界盃決賽圈的斯洛伐克，主場以 0 比 0 打和俄羅斯，一度帶來晉級決賽圈的希望。可惜亞美尼亞在最後一場關鍵一戰作客再次敗在愛爾蘭腳下，以 4 分之差不敵愛爾蘭，只能成為小組第 3 名出局，不過這也是亞美尼亞參與大賽資格賽以來的最佳成績。

　　亞美尼亞在 2012 年歐洲盃資格賽的好成績也造就了首席射手 Henrikh Mkhitaryan 獲得更多成長，從而在烏克蘭

球隊頓涅茨克礦工隊大放異彩，從而成為後來為曼聯和兵工廠上場的亞美尼亞首席球星。不過亞美尼亞在 2012 年歐洲盃資格賽後又變回弱旅，在 2014 年世界盃資格賽首 5 場比賽全部落敗，很早已確定無緣晉級。不過亞美尼亞在下半程比賽卻突然變了另一個樣，竟然作客以 4 比 0 大勝丹麥，然後擊敗捷克和保加利亞，作客義大利也以 2 比 2 打和。雖然還是沒能打進決賽圈，不過也因為這一波好成績而在 2014 年 2 月升上國際足聯排名第 30 位，是他們至今史上最高的排名。

可是亞美尼亞的好成績總是沒能維持很久，他們在 2016 年歐洲盃、2018 年世界盃和 2020 年歐洲盃資格賽全部鎩羽而歸，而且還在 2020 年歐洲盃資格賽作客以 1 比 9 慘敗在義大利腳下，成為該國史上最大的敗仗。疫情過後，亞美尼亞國家隊好像又有復蘇跡象，他們在去年的歐洲國家聯賽擊敗北馬其頓、喬治亞和愛沙尼亞，在 C 級聯賽成為小組冠軍，下屆賽事得以升到 B 級聯賽。然後在今年初展開的世界盃資格賽接連擊敗冰島和羅馬尼亞兩支曾經在大賽決賽圈創出好成績的球隊，雖然作客吃過德國 6 隻光蛋，不過也能暫時排在小組第 2 位。亞美尼亞在 10 月的資格賽連續作客冰島和羅馬尼亞，在 11 月主場迎戰北馬其頓，如果能夠再下一城，就算在最後一場分組賽再敗在德國腳下，也足以成為小組次

名參與附加賽，如果成真的話便是亞美尼亞最接近大賽決賽圈的一次。

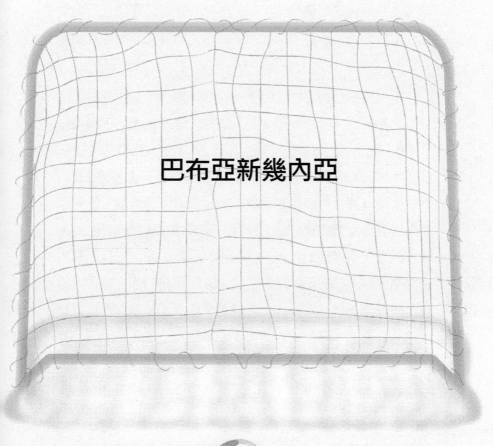

巴布亞新幾內亞

　　每當提及巴布亞新幾內亞，相信不少人會把他們跟吃人族拉上關係。不過這個位於印尼毗鄰的國家其實早已經是文明社會，而且近年也很積極發展足球，成為大洋洲區的新勢力。

　　巴布亞新幾內亞在 1949 年從澳洲獨立，跟大部分大洋洲區國家一樣，橄欖球是他們的國球，足球相比之下地位自然差很遠。他們在 1962 年成立國家隊，直到 1980 年才首次參與大洋洲國家盃，雖然在分組賽便出局，不過也能夠擊敗現在改稱萬那杜的新赫布里底群島。由於實力所限，巴布亞新幾內亞還沒有機會打進世界盃決賽圈，全國聯賽也在 2006 年才成立。不過他們近年很積極發展足球運動，所以成績也有顯著進步。巴布亞新幾內亞在 2015 年舉行的世界盃資格賽次圈取得 1 勝 2 和成績，得以晉級第 3 圈賽事以及直接晉級 2016 年大洋洲國家盃淘汰賽。雖然他們在第 3 圈資格賽只能以 1 勝 2 負成績出局，也已經創出同一屆世界盃資格賽贏球次數最多的紀錄。

　　到了 2016 年大洋洲國家盃，巴布亞新幾內亞從四強賽開始參與，他們以 2 比 1 擊敗索羅門群島，首次打進決賽。巴布亞新幾內亞在決賽與大熱門紐西蘭打成 0 比 0 平手，最終以互射 12 碼落敗，雖然錯失首次成為冠軍和參與 2017 年洲際國家盃的機會，不過已經創出史上最佳成績。巴布亞新幾內亞的強勢延續到 2019 年太平洋運動會足球項目，他們

在分組賽贏了 3 場比賽，只是以 0 比 2 不敵紐西蘭 U23 隊，因此以小組次名成績晉級銅牌賽。他們在銅牌賽與擁有大洋洲足球名將 Roy Krishna 的斐濟打成 1 比 1 平手，結果還是以互射 12 碼落敗，錯失第 3 次奪得銅牌的機會。

　　除了男子足球，巴布亞新幾內亞的女子代表隊也有不少突破。該國在 2016 年代替放棄主辦權的南非，首次成為 U20 女子世界盃決賽圈的地主國，也是她們首次參與和主辦世界級大賽。雖然這批小女將面對巴西、北韓和瑞典 3 個傳統女足強國全部以大比分落敗，不過也是讓當地女足踏足世界舞台的難得機會。而且自從太平洋運動會於 2003 年增設女足項目，巴布亞新幾內亞在五屆賽事都贏得金牌，雖然這是在沒有紐西蘭和澳洲之下奪得，也仍然是值得肯定的成績。

澤西

　　如果要數現存歷史最悠久的國際大賽，奧運足球項目和美洲盃相信是不少人第一時間想到的答案。除了這兩項賽事，原來在歐洲還有另一項「國際大賽」已經擁有超過 115 年歷史，那便是由位於法國西北部海域的 3 個英國屬地島嶼參與的 Muratti Vase 大賽，當中贏得錦標次數最多的是 3 個島嶼之中面積最大和人口最多的澤西（Jersey）。

　　澤西是一個距離二戰重要戰場，法國的諾曼第只有 22 公里的小島，面積約 118 平方公里，跟台北市士林區和北投區合起來差不多一樣大，當然人口少很多，只有 10 萬人左右。澤西早於十世紀便由英格蘭王國國王的祖先統治，所以從 1204 年開始成為英格蘭王國的一部分，雖然後來澤西在政治上被認定為不屬於不列顛帝國，而且是政體獨立的地區，不過仍然受英國國防保護，文化上也跟英國沒兩樣。

　　因此澤西算是現代足球發展得最早的地區之一，他們和鄰近的另外兩個英屬島嶼根西（Guernsey）及其管轄的奧爾德尼（Alderney）合辦一項名為 Muratti Vase 的比賽，從 1905 年開始成為每年舉行的三角賽，只有兩次大戰期間和去年因為肺炎疫情而停辦，雖然澤西在首屆賽事便輸給根西，不過後來他們拿了五十五次冠軍，是這項歷史悠久的比賽奪冠次數最多的球隊。

　　由於澤西是一個政治系統完全獨立，而且民眾地區身分認同相當高，所以澤西曾經希望以獨立成員國身分加入國際

足聯和歐洲足聯，甚至援引了直布羅陀的案例爭取支持，可是仍然被歐洲足聯會議投票否決，澤西足協就算向歐洲體育法院提出訴訟，也沒有改變不被接納的結果。於是澤西在2018 年決定加入非國際足聯組織 CONIFA，本來他們獲得2020 年 CONIFA 世界盃參賽資格，可是賽事因為疫情而停辦，令澤西欲圓衝出英倫海峽的夢仍然需要等待。

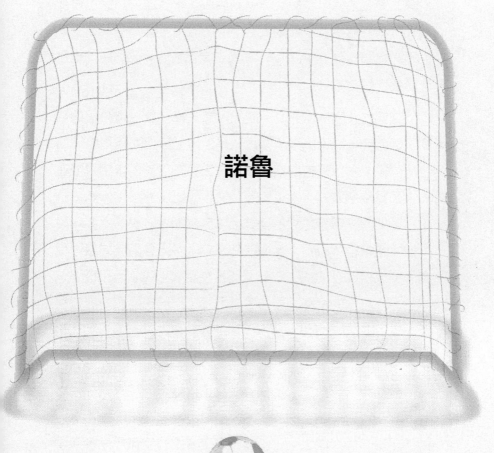

諾魯

　　現在世界上有超過 200 個獲國際社會承認的國家和不被承認的獨立政權，就算足球運動發展多不發達，好歹也會有代表隊。不過這並不通用於跟中華民國有正式邦交關係的南太平洋島國諾魯（Nauru），不僅沒有代表隊，他們連正規足球聯賽也沒有。

　　諾魯位於澳洲東北面，國土只有一個 21 平方公里的島嶼，跟台北市南港區差不多大，是世界上國土面積倒數第 3 位的國家，人口只有約 1.1 萬人。由於在 1968 年獨立後在各方面都依賴澳洲，所以連運動文化也跟澳洲一樣，島上為數不多的體育設施也只為澳式足球等澳洲人發明的運動項目而設。在這種背景下，全國自然沒有太多人參與英式足球運動。英式足球在 1960 年代才開始在諾魯出現，而且還是只限於前來打工的索羅門群島等鄰國民工自己玩而已。諾魯經濟在 1990 年代轉差，政府因此把外籍移民趕走後，英式足球在諾魯幾乎絕跡。

　　雖然諾魯也有成立足協，而且也曾經申請加入國際足聯和大洋洲足聯，不過由於國內太過缺乏足球設施而遭否決。由於足球參與人數太少，所以該國一直沒有組織代表隊參與比賽。據部分傳聞資料記載，諾魯「代表隊」曾經出現過 2 次。第一次是 1994 年，諾魯隊與來自索羅門群島的民工隊踢球，結果諾魯以 2 比 1 贏球。第二次是 2014 年，為了慶

諾魯

祝國際難民日，所以諾魯隊再次出現，跟當地的澳洲難民收
容所住民隊踢球，誰勝誰負就無從得知了。

諾魯足協近年希望在國內推動英式足球發展，除了開始
嘗試組織足球隊和足球賽，也曾經嘗試組織代表隊出戰 2018
年區內的密克羅尼西亞運動會足球項目，可是最終因為沒有
資金而作罷。而且受肺炎疫情影響，計劃中的足球運動也被
逼暫停，包括本來預計在 2021 年正式組織國家隊出戰一項
在夏威夷舉行的賽事。雪上加霜的是當地政府在 2019-20 年
度財政預算表明，所有體育支出只會用於澳洲式運動項目。
諾魯出現在國際足壇的日子恐怕還是要繼續耐心等待。

梵蒂岡

　　梵蒂岡是世界上面積最小的國家，全國領土連兩個大安森林公園都沒有，卻因為是天主教教主擔任元首而成為世上地位超然的國度，也是中華民國目前在歐洲唯一的邦交國。雖然地小人稀，梵蒂岡也有屬於他們的足球代表隊。

　　梵蒂岡在 1972 年成立足協，十三年後才首次出現代表隊。由於這個國家總人口不足 1,000 人，要找球員踢球實在有點困難，因此縱使在國內擔任各項公職和神職人員的男丁本身不是梵蒂岡籍，也被邀請進入代表隊。梵蒂岡在 1985 年首次組成代表隊，踢了兩場比賽，對手分別是奧地利人記者隊和聯合國官員隊，結果獲得一勝一和。後來梵蒂岡代表隊也有跟不同的球隊比賽，包括在 2008 年跟中國奧運隊交手。不過由於球員水平太低，也沒有加入成為國際足聯成員國，所以歷年來的對手都是一些地區代表隊、球會梯隊或特殊性質組成的球隊，比如是在 2021 年 11 月跟由克羅埃西亞裔人組成的國際羅馬協會隊進行慈善賽，身為球隊名義上的領導人的教宗方濟各更點名邀請義大利國家隊前鋒 Ciro Immobile 參賽，不過不是踢球而是擔任裁判，成為國際足壇一時佳話。

　　歐洲足聯其實很希望梵蒂岡能夠加入成為會員國，不過足協主席 Domenico Ruggiero 表示希望梵蒂岡隊只參與業餘比賽，如果加入國際足聯的話便變成參與商業運動，所以一直拒絕加入成為國際足聯和歐洲足聯成員國。與此同時，

梵蒂岡也因為保持政治正確，所以也不加入非國際足聯組職 CONIFA。雖然梵蒂岡刻意與非國際足聯組織保持距離，不過也曾經獲邀參與 2010 年的世界盃，可惜最終因為無法湊足十五人參賽而作罷。對於教宗率領的梵蒂岡隊來說，也說踢球是為了盡興才是最重要。

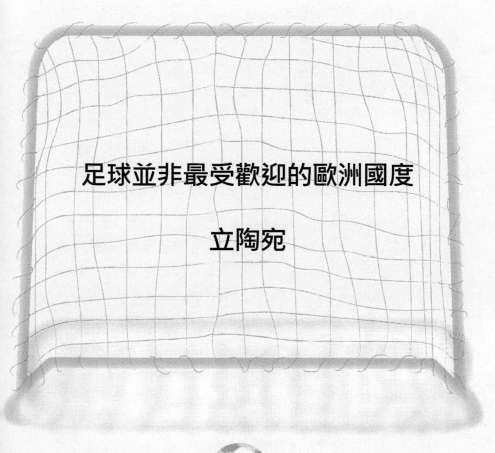

足球並非最受歡迎的歐洲國度

立陶宛

　　歐洲是現代足球的發源地，足球也可說是最受歐洲人歡迎的運動。縱然各國的足球水平大不相同，基本上足球也是最受歡迎的。不過立陶宛卻似乎是僅有的例外。

　　籃球愛好者對於立陶宛肯定不會陌生，皆因立陶宛在國際籃球賽事是世界級強隊。台灣民眾在 2021 年起也應該對立陶宛有一份特別的感情，因為他們捐贈了疫苗給我們。

　　由於立陶宛在國際籃球賽的成績斐然，加上當地氣候寒冷，冬季運動也比較受歡迎，所以相比之下足球運動發展相當緩慢，在波羅的海三國中也已經成為足球發展最差的一員。

　　雖說立陶宛足球發展平平，他們在成為蘇聯加盟國前也有參與過奧運足球項目，他們在 1924 年巴黎奧運亮相，當時是採取單場淘汰賽制，立陶宛首戰便以 0 比 9 慘敗在瑞士腳下出局。兩天後，他們跟另一支參與奧運的球隊埃及踢友誼賽，可是賽果絕不友誼，立陶宛吃了十隻光蛋，也成為他們史上最慘的敗仗。

　　二戰後，立陶宛被併進蘇聯成為加盟國，在蘇聯解體後再次獨立成國並參與國際賽，可惜無論在世界盃還是歐洲盃資格賽都沒有亮眼的成績，自然也從沒有參加過大賽決賽圈。因應地理和歷史原素，立陶宛最常交手的對手是鄰國愛沙尼亞和拉脫維亞，這三個國家每隔兩年便參與波羅的海盃，立陶宛拿過十次冠軍，不過最近一次已經是 2010 年一屆，最近兩屆賽事都是以最後一名完成，要看到立陶宛足球有出頭天似乎相當困難。

嘗試走捷徑不果的亞洲新興球隊

東帝汶

　　亞洲國家的足球水平參差，縱然足球在國內很受歡迎，也不一定鍛鍊出好球隊。2022 年踏進立國第二十年的東帝汶，便曾經希望走捷徑提升國家隊卻失敗，至今仍然是區內的弱旅。

　　東帝汶在 2002 年正式脫離印尼和葡萄牙獨立成國，這個跟澳洲一海之隔的小國由於以往是葡萄牙和印尼的殖民地，所以足球運動很受歡迎。不過他們的國土面積很小，人口也只有百餘萬，所以足球水平始終無法提升。東帝汶在獨立後不足一年加入亞洲足聯，得以趕及參與 2004 年亞洲盃資格賽。可是東帝汶的實力不行，令他們一直沒能贏球，直到 2012 年 10 月以 5：1 大勝柬埔寨才獲得首場勝利，也是他們至今最大的贏球紀錄。東帝汶能夠獲得進步，得力於巴西籍總教練從巴西召來一批本來跟東帝汶完全沒有關係的人進隊，這也是東帝汶足球不名譽一頁。

　　從 2012 年起，巴西籍總教練 Fernando Alcantara 邀請完全沒有東帝汶血統，甚至沒在東帝汶踢過球的數名巴西人代表東帝汶上場，政府也樂意配合立即給他們護照。在這情況下，東帝汶立即在東南亞足球錦標賽資格賽擊敗柬埔寨和寮國打開勝利之門，兩年後的一屆資格賽也打敗汶萊和打和緬甸。或許是東南亞國家根本不將這事放在眼內，所以令東帝汶占了不少便宜，直到 2018 年世界盃資格賽，終於有球隊表示不滿。

　　東帝汶在這一屆賽事主場打和巴勒斯坦，在這場比賽的正選陣容中竟然有七人是毫無血緣關係的巴西歸化球員。失

分的巴勒斯坦足協於是決定告上國際足聯，最終判東帝汶足協敗訴。其實東帝汶足協早就知道這樣做是違規，所以當巴勒斯坦向國際足聯遞交投訴後，便立即將這些歸化球員放棄，並臨時徵召多名 20 歲以下球員進隊，結果在往後兩場資格賽慘吞阿聯八隻光蛋，以及 0：10 慘負沙烏地阿拉伯。

　　沒了巴西歸化兵的東帝汶唯有腳踏實地參與國際賽，結果當然是落敗居多，在 2021 年舉行的東南亞足球錦標賽，東帝汶再度以全敗成績完成賽事，三次參賽都沒拿過一分。當然他們也有少許進步，在 2017 年到台北參與中華足協邀請賽的時候贏過菲律賓，2018 年初也擊敗過汶萊。雖然在 2021 年的東錦賽全敗而且 1 球不進，不過也只是以兩球輸給泰國、新加坡和緬甸，好好地慢慢來進步的話相信將來會有更多贏球機會。

郵票小國的足球夢

列支敦斯登

　　歐洲是現代足球的發源地，所以就算如何地稀人寡，每個歐洲國家都有一定程度的足球底蘊，號稱「郵票小國」的列支敦斯登也不例外。

　　列支敦斯登跟德國是同一個老祖宗，德語是官方語言，只是在十九世紀德國統一活動期間選擇維持大公國身分而獨立成國。列支敦斯登所以稱為「郵票小國」，原因就是她的國土面積很小，只有 160 平方公里，就是台北市的北投、士林、內湖和南港四區合起來都比她大，到了 2020 年，列支敦斯登人口也只有不足四萬，而且是世上僅有兩個完全被內陸國家包圍的雙重內陸國家之一，所以他們在歐洲的地位實在是微不足道，足球實力自然也不怎麼樣。雖然列支敦斯登早於十九世紀便獨立成國，但是他們到了 1981 年才組成國家隊在韓國參與首場賽事，結果是以 1：1 打和馬爾他。

　　1996 年歐洲國家盃資格賽是列支敦斯登首次參與大賽，面對葡萄牙等列強，列支敦斯登完全無力招架，十場比賽失了四十球，卻在主場能夠打和愛爾蘭，作客北愛爾蘭取得這一屆賽事的唯一進球。在 2000 年歐洲國家盃資格賽主場以 2：1 擊敗阿塞拜然，取得大賽首場勝利。但是在 2004 年，國家隊創出恥辱性紀錄，就是竟然以 0：1 不敵聖馬利諾，令他們成為第一支也是至今唯一一支輸過給聖馬利諾的球隊。

　　不過他們在 2006 年世界盃資格賽的成績大躍進，兩度擊敗盧森堡、主場打和葡萄牙和斯洛伐克。雖然還是以小組

第六名成績出局，不過已經是該國足球的驕傲。可是列支敦斯登的實力非常有限，往後每一屆大賽的資格賽幾乎都是以最後一名完成賽事，兩勝盧森堡已是他們在歷屆世界盃資格賽的僅有勝仗。

　　雖然列支敦斯登足球實力不佳，國內又沒有職業聯賽，不過其實他們也有職業球員和球隊。該國最知名的球員是曾經效力義甲球隊維羅納和西耶納的前鋒 Mario Frick，他也以 16 個進球成為該國史上進球最多的球員，他的兩個兒子現在也是國家隊的前鋒。至於列支敦斯登的職業隊方面，最著名的就是首都球隊瓦都茲，不過這些職業球隊全都「轉投」瑞士足協旗下的聯賽，只有十數支業餘球隊留守國內的聯賽，情況跟卡地夫城等威爾斯球隊征戰英格蘭聯賽一樣。

聖露西亞

　　廣東諺語有云「家衰口不停」，就是氣氛不好的家庭總是有更多不好的事發生，令家內的氣氛更糟，加勒比海國家聖露西亞的國家隊就是這種狀況。

　　聖露西亞在大英帝國的殖民統治之下，跟其他加勒比海地區殖民地一樣，很早便有足球運動的出現。聖露西亞在1938年便組織代表隊跟多米尼加交手，結果以1：4落敗。在1979年脫離英國獨立後，他們在起初的十年都沒有參與國際賽，到了1990年代開始參與世界盃和中北美洲金盃賽兩項大賽的資格賽，以及出席加勒比海盃。

　　聖露西亞在1991年首次參與加勒比海盃，在首輪分組賽兩戰全勝，然後在次輪分組賽取得1勝2和不敗，以小組次名成績晉級四強賽。雖然在四強賽不敵地主國牙買加，卻能在季軍戰以4：1大勝圭亞那，首次參賽便勇奪季軍。

　　1994年世界盃是聖露西亞首次參與資格賽，在首輪首回合主場以1：0擊敗聖文森及格瑞那丁，可是次回合作客以1：3落敗，總比分落敗下出局。此後他們一直都沒能打進世界盃和中北美洲金盃賽決賽圈，連在加勒比海盃也是在1995年一屆分組賽出局後便沒有打進決賽圈。到了2022年世界盃資格賽，聖露西亞本來在首輪跟海地、尼加拉瓜、貝里斯和土克凱可群島同組，可是在比賽前兩天卻突然宣布退出，原因不明。當地消息指原因是肺炎疫情令當地已經超過一年沒舉行足球比賽，不過問題在於聖露西亞足協竟然沒有通知

任何職球員便宣布退賽，令特地從外國歸隊的球員大感不滿，當地足球界亦掀起討伐之聲。結果足協主席需要下台，而聖露西亞國家隊在退賽後也一直沒有比賽，令這支島國球隊自從於 2019 年 11 月參與中北美洲國家聯賽後，超過兩年都沒有比賽，下一次比賽到底是什麼時候舉行，幾乎沒有人知道。

聖克里斯多福及尼維斯

作為中華民國為數不多的邦交國，位於加勒比海的聖克里斯多福及尼維斯（Saint Kitts and Nevis Islands）在足球發展上並沒有太多可取之處，在世界盃和中北美洲金盃賽的決賽圈都從來沒有見過他們的身影，可是他們卻竟然是在擊敗歐洲國家隊方面創造歷史的球隊。

聖克里斯多福及尼維斯是兩個島嶼合併出來的國家，由於是英國的前殖民地，所以很早便有足球活動，早於 1938 年便組織代表隊跟格瑞納達比賽。到了 1979 年獨立後，他們便跟牙買加舉行兩場友誼賽，可惜聖克里斯多福及尼維斯兩場比賽都敗陣。聖克里斯多福及尼維斯要到 1998 年世界盃資格賽才首次參與，他們在首輪兩回合比賽都擊敗聖露西亞晉級，到了次輪賽事面對聖文森及格瑞那丁兩回合都打和，可惜因為作客進球不及對手而出局。

聖克里斯多福及尼維斯跟香港足球也有淵源，就是國家隊前鋒 Keith Gumbs(基夫) 在 2001-03 年效力香港球隊愉園，在 2004-07 年則效力傑志，並於 2002-03 年賽季香港甲級聯賽成為神射手。基夫在 2010 年 10 月射進第 24 個國際賽進球，成為國家隊史上進球最多的球員，記錄也保存至今。

2006 年世界盃是聖克里斯多福及尼維斯跟決賽圈最接近的一次，他們在首輪和次輪賽事兩回合都贏球，得以進入第三輪（十二強賽）。可惜當他們遇上真正的區內豪強便不堪

一擊，結果面對墨西哥、千里達及托巴哥、聖文森及格瑞那丁六場比賽全敗出局。

如果要數可以拿出來稱揚的成績，1997 年獲得加勒比海盃亞軍已經算是聖克里斯多福及尼維斯的最佳國際賽成績。另外，在 2015 年 11 月，聖克里斯多福及尼維斯國家隊首次遠征歐洲，跟安道爾和愛沙尼亞比賽，結果他們以 1：0 擊敗安道爾，是史上首次加勒比海足球聯盟球隊在歐洲舉行的國際賽作客贏球，也是可書一筆的成績。

葛摩

　　法國以往在非洲擁有大片殖民地，因此形成現在不少非洲國家都是以法語為官方語言，可見該國在非洲的影響力。在 2021 年非洲盃首次打進決賽圈的島國葛摩，更是以法國兵打天下，幾乎跟法國隊無異。

　　葛摩是位於非洲大陸和馬達加斯加之間的小島國，據說是世上發展最不發達和最貧窮的國家之一，加上地理位置偏僻，所以在國際足壇一向沒什麼地位，足球發展也不發達。葛摩在 1979 年脫離法國獨立，可是到了 2005 年才加入國際足聯，在這二十多年間只派隊參與過印度洋島國運動會的足球項目，在 1979 和 1985 年兩度奪得銅牌。加入國際足聯後，葛摩才開始正式參與國際賽，首先是在 2006 年參加 2009 年阿拉伯盃資格賽，雖然沒能晉級，卻以 2：1 擊敗吉布地，是他們國家隊史上首場正式比賽勝仗。

　　或許是葛摩資源相當缺乏，所以對參與比賽並不積極，他們從沒有派隊參與奧運和非洲運動會的足球項目，區內賽事比如是非洲南部盃、非洲國家錦標賽等都是在最近數年才開始參與，也沒有突出的成績。在世界盃資格賽，葛摩更是從來沒有贏球，2022 年世界盃資格賽首輪賽事面對多哥以 1 和 2 負成績出局。不過在 2021 年非洲盃資格賽，葛摩復仇成功，擊敗肯雅和多哥，與埃及一起打進決賽圈，是他們首次參與大賽。

　　從參與非洲盃決賽圈的大軍陣容便可以看出，葛摩國內的足球發展其實不怎麼樣。在二十八人名單中，竟然只有五名球員不是在法國出生，當中更有四人是來自在葛摩附近的法國領地馬約島，而這一批球員當中除了僅有一名本土出生的前鋒 Ibroihim Djoudja，其餘球員全都是出身於法國球隊青訓系統，所以根本上就是法國人的球隊。當然由於這些球員都不是法國的精英，所以面對非洲列強也是沒有優勢。葛摩在首兩場分組賽輸給加彭和摩洛哥，卻在最後一場分組賽以 3：2 擊敗迦納，因此成為小組第三名，並在六支第三名球隊之中的成績排第四名，僅僅獲得十六強賽的資格。雖然葛摩在十六強以 1：2 不敵地主國喀麥隆出局，不過首次參賽便能取勝甚至晉級，對於這個小國而言已經相當了不起。

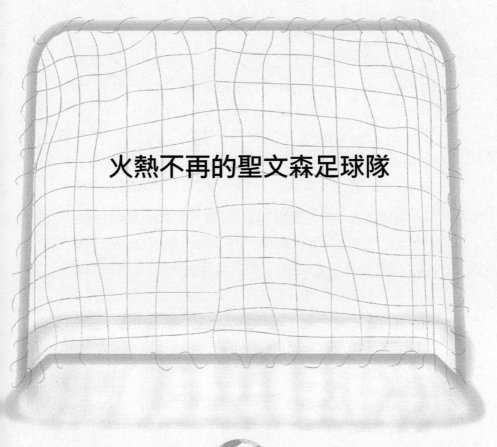

火熱不再的聖文森足球隊

如果要從高開低走或是低開高走之間選擇的話，不知道你會如何選擇呢，相信大部分人會選擇後者，可惜中華民國的邦交國聖文森及格瑞那丁的足球隊卻是高開低走。

聖文森及格瑞那丁在 1936 年便跟巴貝多進行兩場比賽，都是以 1：1 打平，這時候他們還是英國的殖民地。早於 1965 年，聖文森及格瑞那丁便在「風向群島錦標賽」(Windward Islands Tournament，風向群島包括位於南半球的加勒比海諸島國)首次奪冠。直至 2019 年舉行的最近一屆賽事，聖文森及格瑞那丁合共拿了五次冠軍，他們目前也是應屆冠軍。

雖然聖文森及格瑞那丁在 1979 年已經脫離英國獨立，不過到了 1990 年代才參與世界盃和中北美洲金盃的資格賽。在 1994 年世界盃資格賽，聖文森及格瑞那丁的開局相當順利，連敗聖露西亞和蘇里南晉級次圈分組賽。可是面對墨西哥、宏都拉斯和哥斯大黎加三支強隊完全無法招架，不僅六戰全敗沒有進球，而且作客墨西哥慘吞 11 隻光蛋，是他們史上的最大敗仗。

到了 1995 年加勒比海盃，聖文森及格瑞那丁在分組賽取得首名，並於四強戰擊敗古巴。雖然在決賽慘吞千里達及托巴哥 5 隻光蛋，仍然能夠以亞軍身分參與 1996 年中北美洲金盃賽決賽圈。不過到了大舞台，聖文森及格瑞那丁顯示自己跟區內最強球隊的差距，他們在分組賽合共吞了墨西哥和瓜地馬拉 8 隻光蛋，就此結束至今唯一的決賽圈之旅。

　　聖文森及格瑞那丁國家隊踏進二十一世紀便不復舊觀，不僅無法在世界盃和中北美洲金盃賽打進決賽圈，而且連在加勒比海盃也只有 2007 年一屆打進決賽圈，還要在分組賽便出局。在 2022 年世界盃資格賽首圈，他們也是以 1 勝 3 負成績出局，包括作客慘吞瓜地馬拉 10 隻光蛋，相當丟臉。

甘比亞

在 2022 年 2 月結束的非洲國家盃決賽圈，甘比亞是其中一支首次打進決賽圈的球隊，卻已經打進八強，僅負於地主國喀麥隆出局。對於這個西非小國來說，或許現在就是他們的足球歷史第一個高峰。

甘比亞是西非地區少數的前英國殖民地，在 1965 年脫離英國獨立，至今仍然是非洲大陸國土面積最小的國家。在獨立之前，甘比亞已經組織代表隊參與比賽，首戰是 1953 年以 2：1 擊敗獅子山國。到了 1963 年，雖然甘比亞是英語地區，卻參與由鄰近法語系國家舉辦的友誼盃，跟法國業餘者隊、布吉納法索和加彭比賽，結果取得 2 和 1 負。

甘比亞首次參與非洲盃資格賽是 1975 年一屆，可惜兩回合都以 0：3 不敵摩洛哥出局。世界盃則是 1982 年一屆首次參與資格賽，也是兩回合總比分不敵利比亞，在首輪賽事便畢業。及後甘比亞一直都沒能參與世界盃和非洲盃決賽圈，在 2014 年更因為虛報球員年齡被國際足聯禁賽兩年，因此沒有參與 2015 年非洲盃資格賽。到了 2021 年非洲盃資格賽，甘比亞面對加彭、民主剛果和安哥拉，最終以 3 勝 1 和 2 負成績成為小組首名，首次晉級決賽圈。

在 2022 年才舉行的非洲盃決賽圈，甘比亞在分組賽首戰由前鋒 Ablie Jallow 進球，以 1：0 擊敗茅利塔尼亞，首次參賽便有好開始。然後甘比亞在第二場分組賽以 1：1 打平馬利，Ablie Jallow 在最後一場分組賽再次進球，協助甘比亞爆

冷以 1：0 擊敗突尼西亞，以小組次名成績晉級十六強。在十六強由波隆那前鋒 Musa Barrow，以 1：0 擊敗幾內亞晉級。雖然在八強於全場捱打的狀態下，最終以 0：2 輸給地主國喀麥隆出局，不過第一次參賽就打進八強也已經很厲害。

　　雖然甘比亞在 2019 年展開的世界盃資格賽非洲區首輪賽事已經輸給安哥拉出局，很早已確定無緣出戰 2022 年世界盃決賽圈，不過甘比亞目前有多名效力義甲和西歐聯賽的球員在陣，參與非洲盃決賽圈的球員中只有五人是三十歲或以上，因此可見甘比亞有能力在往後成為非洲足球的新勢力。

亞足聯最新生

北馬里亞納群島

　　亞足聯最近有新成員國加入了，就是位於太平洋的北馬里亞納群島（Northern Mariana Islands）。對於國際足壇來說，北馬里亞納群島的歷史可說是很短暫，這個目前跟關島一樣仍然屬於美國領土的地區，在 1998 年才首次參與「國際賽」，而且只是區內的密克羅尼西亞運動會足球項目，不過首次參賽便以 12 比 1 大破帛琉，成為這支球隊至今最大勝仗。

　　北馬里安納群島往後對加入亞足聯和國際足聯相當積極，他們先是在 2008 年成為東亞足聯成員，並參與同年舉行的東亞盃男足項目資格賽，並於 2009 年開始申請成為亞足聯會員。

　　雖然他們的實力不濟，直到 2018 年一屆賽事都沒能打進次圈資格賽跟台灣隊交手，不過也看到他們有進步。從 2009 年一屆以 1 比 6 慘負澳門，及至 2015 年一屆以 2 比 1 擊敗澳門，取得參賽以來首場勝仗。

　　而在 2018 年 9 月，北馬里亞納群島再以 1 比 1 打和澳門，及至 2020 年 12 月終於正式成為亞足聯第 47 個會員國，2027 年亞洲盃資格賽將是他們參與的最大型賽事。隨著北馬里亞納群島逐步走向世界，相信跟中華隊交手的日子不遠矣。

古拉索

今年的中北美洲金盃決賽圈緊隨歐洲盃和美洲盃上演，在十六支參賽球隊中，古拉索是立國時間最短而且參賽次數最少的球隊(撇除首次參賽的亞洲球隊卡達)。古拉索在 2010 年才從荷屬安的列斯群島獨立成國，這個前荷蘭殖民地在擁有大量具備荷蘭聯賽比賽經驗的球員下，在 2017 年首次打進決賽圈，今年是連續三屆參賽。

在參與本屆金盃賽決賽圈的 22 名球員中，幾乎所有球員都有效力荷甲或荷乙球隊的履歷，當中最著名的球員是 Bacuna 兄弟和曾經效力南安普頓的後衛 Cuco Martina。兄長 Leandro Bacuna 是國家隊上場次數最多的球員，他曾經效力阿斯頓維拉和雷丁，現在效力英冠球隊卡迪夫城。弟弟 Juninho Bacuna 則以 13 個進球成為國家隊進球最多的球員，他是英冠球隊赫特斯菲爾特的主力中場球員。不過任何球員也比不上總教練有名，現在的總教練就是曾經是荷蘭國家隊史上進球最多的球員 Patrick Kluivert。雖然他沒有為古拉索上場，不過他的母親是古拉索人，所以稱他是史上最著名的古拉索足球人物也沒有錯。

古拉索在 1963 年便參與中北美洲錦標賽，不過當時是跟阿魯巴等六個島一起以荷屬安的列斯群島的名義參賽，並一舉奪得季軍。及至 2017 年古拉索才以獨立國家身分參賽，上屆賽事更打進八強賽。古拉索在 2022 年世界盃資格賽首圈取得小組首名晉級，可惜在次圈以總比分 1 比 2 不敵上屆

打進決賽圈的巴拿馬，提早確定無緣參賽。所以這支幾乎可以視為荷蘭二軍的球隊，在本屆金盃賽將爭取證明自己的實力。

可惜的是，他們於賽前兩天，出現新冠肺炎的確診案例，以致未能出席本屆賽事，而他的參賽席位由瓜地馬拉所取代。

帛琉

中華民國政府在 2021 年初與太平洋島國帛琉展開旅遊氣泡計劃，令帛琉一度成為當地媒體關注的焦點。

除了景色怡人的陽光與海灘，這個國家的足球發展又是如何呢？帛琉雖然是聯合國成員，不過他們並不是國際足聯成員，只是大洋洲足聯成員，所以沒有參與大洋洲國家盃和世界盃資格賽。

由於沒有參與正式國際賽亦非國際足聯成員，加上當地沒有足夠的足球設備，所以足球發展自然並不理想。

帛琉國家隊只參與該地區的密克羅尼西亞運動會（Micronesia Games）的足球項目，並於 2014 年一屆打進決賽，可惜以 1 比 3 輸了給東道主波納佩島。另外他們在 1998 和 2018 年兩屆賽事都成為季軍。帛琉也有足球聯賽，不過據說在 2016 年一屆賽事中，只有「孟加拉人隊」是 2004 年首屆賽事便參賽的僅存者。由於當地足協的 Facebook 在 2016 年後便沒有更新，所以目前該國聯賽狀況如何，很遺憾地是無從得知。

斐濟

　　大洋洲的主流運動是橄欖球，所以多個大洋洲島國擁有不少身材健壯的運動員，不過他們都不是踢足球的，這也是當地足球水平一向較差的其中一個原因。斐濟也是典型的大洋洲橄欖球強國，雖然也曾經參與過奧運男足項目決賽圈，卻始終沒有因此令當地足球獲得長足發展。

　　斐濟從 1951 年開始便參與首場國際賽，結果以 4 比 6 不敵紐西蘭。他們在 1963 年便成為國際足聯會員，在太平洋運動會足球項目和大洋洲國家盃都經常看見他們參賽的身影，有時候更成為三甲球隊。及至 1991 年，斐濟足球隊在太平洲運動會男足項目奪得冠軍，是他們在國際賽的首個主要獎項，到了 2003 年再贏一次。至於在大洋洲國家盃方面，他們在 1998 年和 2008 年兩屆賽事都獲得季軍，是他們至今參賽最佳成績。雖然一直沒能打進世界盃決賽圈，卻也是大洋洲足壇成績比較好的球隊。在 2002 年世界盃資格賽上，斐濟曾經以 13 比 0 大勝美屬薩摩亞，是他們在國際足聯記錄上的最大勝利（他們曾經在 1976 年以 24 比 0 大勝吉里巴斯，不過這一場是不獲承認的太平洋運動會賽事），在同一屆資格賽，他們也只是以 0 比 2 不敵區內的巨無霸球隊澳洲。

　　不過從 2010 年代開始，斐濟足球隊的成績愈來愈差，他們接連在 2012 年和 2016 年大洋洲國家盃分組賽便出局，2014 年和 2018 年世界盃資格賽也合共只贏了 1 場比賽。國際足聯排名也在 2015 年 7 月掉到史上最低的第 199 位。不

過就在這個最低潮的時候，斐濟足球卻獲得從天上掉下來的餡餅。當年舉行的太平洋運動會足球項目改為奧運男足項目資格賽，雖然他們在這一屆賽事也只得殿軍，不過卻在奧運資格賽因為大熱門紐西蘭在四強戰派上不符合資格的球員上場，導致本來贏球變為輸球，令斐濟在四強戰擊敗巴布亞新幾內亞之後，只需要在決賽面對「擊敗」了紐西蘭的萬那杜，結果斐濟以互射十二碼贏得 2016 年奧運男足項目的入場券，史上首次參與國際大賽。

由於斐濟在奧運男足項目出現對國際足壇而言實在太有新鮮感，所以在開賽前賺到不少關注點。當然他們的實力始終跟世界列強有明顯的差距，縱然特地把在澳洲職業聯賽征戰多年的隊長 Roy Krishna 招來，以超齡球員身分領軍出戰，斐濟還是以 0 比 8 慘敗在韓國腳下，第二戰雖然有 Krishna 打開比分，一度為斐濟取得領先，可是最終還是以 1 比 5 不敵墨西哥。到了最後一戰，德國毫不留情的送了 10 隻光蛋給斐濟，教斐濟明白自己與世界的差距是何等的大。

經過奧運之旅後，斐濟的成績總算是進步了一點，比如是面對紐西蘭只以 0 比 2 落敗，在 2018 年面對馬來西亞和菲律賓也只輸一球，水平看起來跟亞洲區比較弱的國家隊差不多。不過他們的水平就是僅此而已，隨著國家隊唯一的職業球員 Krishna 已經年屆 33 歲，而且近年也已經轉戰水平較低的印度聯賽，除非有外界並不知道的顯著進步，否則在

即將展開的 2022 年世界盃大洋洲區資格賽，要突圍而出的難度還是非常高。

開曼群島

在這個世界上有些人無論是怎樣支持他，總會因為他本身的不爭氣，最終都是無法支持下去。屹立於加勒比海的開曼群島雖然是英國的境外自治區，卻毫無英國人處事嚴謹的傳統，反而是惡名昭彰的世界避稅天堂。開曼群島的足球隊也「秉承」陋習，比賽成績固然不好，還接連爆出醜聞成為足壇笑話。

開曼群島雖然在 1962 年已經脫離牙買加成為獨立的英國海外自治實體，不過到了 1990 年才首次組織球隊參與國際賽，主要是參與區內的加勒比海盃。到了 1996 年，開曼群島首次參與世界盃資格賽，不過連續三屆賽事都在首輪戰不敵古巴出局，到了 2014 年世界盃資格賽，開曼群島與蘇里南、薩爾瓦多和多明尼加共和國在一個小組，結果除了在主場打和多明尼加共和國，其餘 5 場賽事都輸球。而在 2022 年世界盃資格賽，開曼群島跟加拿大、蘇里南和阿魯巴同組，結果還是以 1 和 3 負成績出局，當中以 0 比 11 慘敗在加拿大腳下，更成為開曼群島史上最大的敗仗。

相比起打破恥辱紀錄，這場慘敗的場外因素為開曼群島足球帶來更大的破壞。國際足聯後來發現開曼群島足協沒有按規定在比賽前提交球員檢疫報告，所以判決開曼群島足協罰款以及禁止主席 Alfredo Whittaker 參與足球運動半年。事件引發多名開曼群島代表隊球員對足協作出抗議，當然這只是導火線，事實是球員不滿足協官員總是直接干預教練團

選兵報陣。英籍總教練 Ben Pugh 則因為選擇站在球員一方，所以決定辭職，令代表隊陷入真空狀態。

早於 2000 年，開曼群島足協意圖利用自己是英國海外領土這一點，透過經理人從英格蘭低級別職業聯賽招攬 8 名沒代表過英格蘭上場，卻跟開曼群島毫無關係的球員代表開曼群島上場，希望藉此加強競爭力。這些球員部分人甚至連開曼群島在哪裡也不知道，不過也總算在一場大勝華盛頓聯的非正式賽事上場。當然國際足聯不會坐視不管，結果開曼群島足聯的奸計沒能得逞，最終也沒有為開曼群島在正式賽事上場。然後就是前足協主席 Jeffrey Webb，此人後來甚至「升職」成為國際足聯的副會長，後來卻因敲詐勒索被美國聯邦警察拘捕。

開曼群島足球員水平在世界足壇來說確實不怎麼樣，不過托中北美洲國家聯賽出現的福，他們在 2019 年曾經贏過 4 場比賽，是自 2010 年後再次贏球。可是最近再次因為場外問題導致一切似乎要推倒重來，確實是相當可惜。

摩爾多瓦

坦白說歐冠自從不斷擴軍之後早已成為超級豪門球隊的遊樂場，每年都是那 3-4 支球隊才是真正有能力爭奪冠軍的，相當乏味。幸好本賽季的歐冠有來自摩爾多瓦的警長隊能夠突圍而出，成為史上首支參與歐冠分組賽的摩爾多瓦球隊，為賽事增添一點新鮮感。只是警長隊能夠參與歐冠，對獨立後一直積弱不振的摩爾多瓦國家隊有多少幫助呢？

摩爾多瓦是夾在羅馬尼亞和烏克蘭之間的東歐邊陲小國，摩爾多瓦人在種族上跟羅馬尼亞人相近，所以有一段時間與羅馬尼亞合併，後來成為蘇聯的一份子。在蘇聯解體後，摩爾多瓦也獨立成國，自此開始參與國際足聯和歐洲足聯的比賽。不過由於該國經濟狀況一向很差，一直是歐洲最貧窮的國家之一，而且人口只有 250 萬左右，所以國家隊一直沒有什麼亮眼的成績，自然也從來沒有參與過世界盃和歐洲盃決賽圈。摩爾多瓦在三十年間也沒有出產在國際足壇知名的球星，中場球員 Artur Ionita 踢過卡利亞里、維羅納和貝內文托，已經是該國史上唯一踢過歐洲五大聯賽的球員。

摩爾多瓦國家隊也曾經有一段光輝的日子，他們在 2007 年 9 月開始，於歐洲盃資格賽擊敗波赫、馬爾他和匈牙利，打和了土耳其，繼而在 2018 年首場友誼賽擊敗哈薩克，令他們在國際足聯的排名升上史上最高的第 37 位。不過他們的實力在歐洲區始終屬於比聖馬利諾等末流較好一點點而已，所以很快便打回原形。摩爾多瓦國家隊近年的成績更是

慘不忍睹，從 2019 年開始便是一直在輸，他們在該年舉行的 10 場歐洲盃資格賽輸了 9 場，然後在去年的歐洲國家聯賽 6 場比賽只取得 1 和 5 負，令他們的國際足聯排名跌至史上新低的第 177 位。到了 2021 年，情況還是沒有改善，在 3 場世界盃資格賽取得 1 和 2 負，包括作客慘吞丹麥 8 隻光蛋。及至今年 6 月的友誼賽，才以 1 比 0 擊敗阿塞拜然，取得兩年來的首場勝利，國際足聯排名才得以升至第 175 位，不過已經是歐洲區排名倒數第 4 位了。

那麼為什麼警長隊能夠參與歐冠也不會為國家隊帶來很大的幫助呢？原因是警長隊幾乎是由外援球員組成，28 名一隊成員只有 5 人是摩爾多瓦球員，其餘都是來自巴西、哥倫比亞、希臘、馬利等 17 個國家的外援球員，所以最近一年入選國家隊的球員當中，只有 2 名球員是來自警長隊。當然如果警長隊參與歐冠分組賽能夠刺激更多摩爾多瓦人積極參與足球運動，那就另當別論了。

澳門

對於台灣民眾來說，澳門是一個相當熟悉的地方，在疫情之前是一個去旅行吃美食的好去處。在足球領域方面，雙方近年也有不少機會在東亞盃資格賽交手，所以對於球迷來說也不會太過陌生。可是澳門代表隊的下一場比賽到底什麼時候進行，恐怕沒有人能夠提供答案。

跟鄰近的香港一樣，足球是澳門人之間最受歡迎的運動，雖然代表隊在國際賽從來沒有交出什麼值得驕傲的成績，不過在社會各層面上都有不少人參與足球運動，無論是到球場踢球或是觀看球賽都是。澳門在 1948 年便跟香港進行友誼賽，結果澳門以 4 比 2 勝出，是澳門代表隊史上首場正式比賽。澳門在 1980 年代才開始參與世界盃和亞洲盃資格賽，由於實力不怎麼樣，自然也沒能打進過決賽圈，連取勝也相當困難，澳門隊至今在世界盃和亞洲盃資格賽合共只贏過 9 場比賽。

澳門隊跟冠軍最接近的一次是在 2016 年舉行的亞足聯團結盃，這項當年首次舉行的比賽其實是讓在 2018 年世界盃資格賽首輪便被淘汰的 8 支球隊參賽，所以說穿了參賽球隊全是亞洲區內實力最弱的球隊，本質上是滿尷尬的，不過好歹也算是一項亞足聯主辦的正式錦標賽。澳門在分組賽擊敗寮國、蒙古和斯里蘭卡成為小組首名，在四強互射十二碼擊敗汶萊，可惜在決賽不敵尼泊爾，沒能取得代表隊史上首個錦標。

　　澳門隊在 2022 年世界盃資格賽本來有個好開始，他們在首輪首回合主場以 1 比 0 擊敗斯里蘭卡。可是在這場比賽的 2 天後，澳門足總在沒有經過教練團和球員同意下，單方面宣布以安全理由不會派隊到斯里蘭卡參與次回合賽事。澳門代表隊和青年軍 48 名球員以此後再不代表澳門隊參賽為手段，希望足總改變決定，不過足總完全沒有理會，結果國際足聯判決沒有派隊的澳門在次回合以 0 比 3 落敗，總比分以 1 比 3 被淘汰，同時也失去 2023 年亞洲盃資格賽參賽資格。澳門代表隊此後沒有參與國際賽，加上因為疫情關係，足總也沒有為代表隊安排比賽。本來足總在今年初公布計劃在本年中期為代表隊安排數場友誼賽，不過到了接近年終的今天仍然是沒有任何消息，恐怕已經胎死腹中。不過就算能夠安排友誼賽，由於足總與代表隊成員的裂痕沒有修補，能否再找到合適球員參賽也是疑問，因此澳門代表隊不知道要在什麼時候才會再在國際賽場出現。

波多黎各

　　美國在加勒比海擁有不少海外領地，當中面積最大的是波多黎各，當地的足球水平仍然有待提升，等待「藍色颶風」席捲足壇的日子來臨。

　　波多黎各早於 1940 年便參與國際賽，首戰便以 1 比 1 打和鄰近的古巴。不過他們要等到三十年後才獲得首場國際賽勝利，以 3 比 0 擊敗巴哈馬。到了 1972 年，波多黎各首次參與美洲金盃賽的前身，中北美洲錦標賽資格賽暨世界盃資格賽，是他們首次參與這兩項國際和洲際大賽，結果兩回合以 0 比 12 慘敗在最後成為冠軍並得以出戰 1974 年世界盃決賽圈的海地腳下。到了 1994 年世界盃資格賽，波多黎各終於首次贏球，他們在首輪賽事作客以 2 比 1 擊敗多明尼加，主場則打和，以總比分首次晉級，雖然在次輪兩回合都敗於牙買加腳下出局，對於他們來說已是重大突破。

　　由於波多黎各跟美國本土一樣，足球並非最受歡迎和最多人參與的運動，所以發展上相當緩慢，不僅沒能參與世界盃和中北美洲金盃決賽圈，在區內也只是僅比末流好一點。在 1995 至 2007 年間，波多黎各竟然沒有贏球，國際足聯排名也跌至第 202 位。在最近十年間，波多黎各在世界盃資格賽成績有少許進步，最近四屆資格賽都有勝仗，或許是得力於近年積極邀請在美國出生和長大，本身擁有波多黎各血統的年輕球員入伍，令整體戰力有所提升。在今年初的世界盃資格賽，波多黎各贏了多明尼加和蓋亞那，打平了千里達及托巴哥，以小組第 3 名成績完成賽事。雖然短期內也應該無法看見他們有機會參與世界盃決賽圈，不過中北美洲列強面對這支正在進步的球隊，或許也會有遇上苦戰的時候。

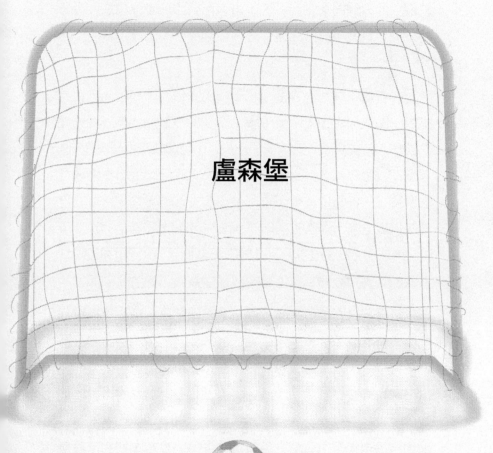

盧森堡

　　強者恆強，弱者恆弱，這本來是大自然的定律。不過如果能在強敵環伺下生存下來，也有可能因此變強和進步。身為歐洲足壇長年弱旅的盧森堡，在經歷多年的被「欺凌」後的今天似乎迎來了春天。

　　盧森堡雖然地小人稀，總面積僅比台北市和新北市合起來大一點，人口也只有 60 餘萬，卻是當今歐洲大陸其中一個立國最久的國家，一千年前便存於世。因此盧森堡早於 1911 年便成立國家隊參與比賽，可惜首場比賽便以 1 比 4 慘敗在法國腳下。當然由於他們很早便出現在國際足壇，所以在世界盃出現之前，在 1920 年便連續在 3 屆奧運會參與足球項目，後來在 1936、1948 和 1952 年奧運足球項目也有參與，當然因為實力較弱，所以每次都是在首圈比賽出局。

　　無論是世界盃還是歐洲盃，盧森堡都是在第 2 屆賽事才開始參賽，之後一直是這兩項比賽的常客，沒有缺席。不過由於戰鬥力太弱，所以直到現在都沒有機會打進決賽圈。盧森堡最接近決賽圈的一次是 1964 年歐洲盃資格賽，當時的資格賽是採取兩回合淘汰賽制，從十六強賽開始作賽的盧森堡遇上「老大哥」荷蘭，首回合在主場以 1 比 1 賽和，次回合作客竟然以 2 比 1 勝出，總比分以 3 比 2 淘汰荷蘭，這次勝利獲荷蘭媒體稱為「大衛擊敗巨人歌利亞」。盧森堡在八強賽遇上丹麥，他們在首回合主場以 3 比 3 打和，次回合作客則以 2 比 2 平手。當時沒有作客進球制度，所以安排了在荷

蘭中立場重賽，結果盧森堡以 0 比 1 僅負，無緣參與當時只有四隊參賽的決賽圈。

　　此後盧森堡再沒有可以值得稱許的成績，尤其是每一屆世界盃資格賽都輸得清光，在二十屆賽事的 135 場比賽之中，盧森堡只贏過 6 場比賽，每一屆資格賽最多只贏 1 場比賽。不過在 2022 年世界盃資格賽，盧森堡也有突破的成績和表現，他們在首場比賽便作客以 1 比 0 擊敗愛爾蘭，然後在主場面對擁有 C 羅納度的葡萄牙也只是以 1 比 3 告負。盧森堡繼而在主場以 2 比 1 擊敗阿塞拜然，首次在同一屆世界盃資格賽贏了 2 場比賽。盧森堡得以獲得進步，有不少的原因是近年從歐洲各地獲得像前鋒 Gerson Fernandes、門將 Anthony Moris 和後衛 Enes Mahmutovic 等歸化球員，Leandro Barreiro 等移民後裔也獲得成長，甚至進軍西歐五大聯賽球隊行列。雖然盧森堡目前在資格賽也只是以 2 勝 2 負成績排在小組第 3 位，要爭取晉級決賽圈難度不少，但是對於這個一直只是活在荷蘭和比利時的陰形之下的小國來說，已是相當了不起的進步。

卡帕塔尼亞

匈牙利曾於 1954 年打進世界盃決賽，可惜不敵西德無緣成為世界冠軍，足球發展也從此一落千丈，2022 年的世界盃決賽圈也沒有他們的事。有一部分匈牙利人組成的球隊，卻在 2018 年圓了世界冠軍的夢想，只是這次奪冠的代價竟然是被「祖國」永久驅逐出境。

匈牙利人除了住在匈牙利，當然也有不少匈牙利人因為工作或其他緣故而散居在世界每個角落，當中較多散居在烏克蘭和斯洛伐克等匈牙利鄰國。旅居於烏克蘭西部外喀爾巴仟州(Zakarpatska Oblast)的匈牙利人，在 2016 年起組成名為卡帕塔尼亞（ Kárpátalja ）的球隊參與非國際足聯組織 CONIFA 舉辦的賽事。他們首先在 2017 年獲邀參加 CONIFA 歐洲錦標賽，在比賽中以四比一大勝南奧塞提亞，是他們史上首場勝仗，結果他們獲得第五名。不過在這一屆賽事後他們便豹隱，所以沒能獲得參與 2018 年 CONIFA 世界盃決賽圈的資格。可是後來由於位於斯洛伐克南部的另一支匈牙利人球隊退賽，所以卡帕塔尼亞獲得賽會以外卡身分邀請參賽。

卡帕塔尼亞由一群主要在匈牙利低級別聯賽踢球的球員組成，他們在 2018 年的 CONIFA 世界盃打和北賽普勒斯，然後連勝四場比賽打進決賽，決賽再跟北塞勒斯交手，結果也是打和，最終互射十二碼球取勝，成為 CONIFA 世界盃冠軍，算是補償了同宗前輩的遺憾。不過在奪冠四個月後，CONIFA 宣布這些參賽球員被烏克蘭足協終身禁賽，也被烏

克蘭政府除掉公民資格，甚至下令不准他們踏進烏克蘭境內，令他們終身不能回到出生地。或許是因為近年烏克蘭遭受克里米亞獨立等分裂事件影響，對匈牙利人組隊參賽不滿所導致的結果。時至今天，球員仍然沒能回到故土，卡帕塔尼亞隊也因為疫情而無法獲得比賽機會。

馬利

　　西非地區盛產肌肉發達的強壯人士，所以近年西非國家在非洲足壇成為領導者，喀麥隆、象牙海岸、奈及利亞甚至多哥都曾經踢過世界盃決賽圈。同屬西非地區的馬利歷年來盛產足球名將，可是相比之下成績沒那麼好，還沒能參與世界盃決賽圈，卡達世界盃會是他們的機會嗎？

　　馬利從法國獨立後不消十五年便參與非洲盃決賽圈，而且一舉打進決賽，可惜在決賽以二比三不敵剛果與冠軍無緣。對於馬利來說，那一次的打進決賽似乎只是曇花一現，因為他們第二次參與非洲盃決賽圈，已經是二十二年後的事，在 1994 年這一屆賽事，他們也能獲得殿軍。到了 1990 年代末期，不少馬利球員獲得歐洲球會的垂青，在歐洲足壇成為勢力，比如是後來效力巴塞隆納的 Seydou Keita、在里昂效力多年的 Mahamadou Diarra，以及在法國出生後來歸化的 Frederic Kanoute，這支擁有不少名將的球隊在 2002 和 2004 年兩屆非洲盃都獲得殿軍，可是在世界盃一直沒能晉級決賽圈。當 Seydou Keita 那一代球員退下來之後，馬利的成績也不復舊觀，雖然從 2008 年一屆非洲盃開始連續八屆打進決賽圈，當中還拿過兩次季軍，不過最近三屆賽事都沒能打進八強。

　　目前的馬利國家隊有接近一半成員都是效力法甲球隊，當中也有歐洲五大聯賽球隊球員，包括南安普頓的 Moussa Djenepo 和萊比錫中場 Amadou Haidara，所以擁有一定競

爭力。在 2022 年世界盃非洲區第二輪資格賽，馬利沒有受
到太大考驗，在分組賽擊敗肯雅、烏干達和盧安達晉級，成
為十支晉身最後階段的球隊當中，僅有他們沒踢過世界盃決
賽圈。如果抽籤運氣不錯又發揮正常的話，馬利只要擊敗對
手，就可以一圓晉級世界盃決賽圈的夢想。

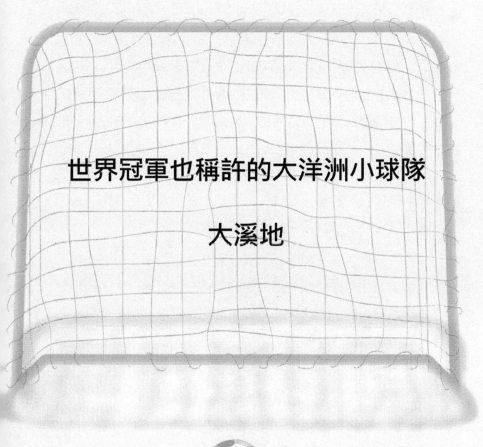

世界冠軍也稱許的大洋洲小球隊

大溪地

　　每當提及大溪地這個大洋洲島國，總會令人想起陽光、海灘和美女這些令人心曠神怡的東西。在足球領域上，大溪地也曾經有一番作為，甚至是連西班牙也表示尊敬的對手。

　　大溪地早於 1952 年便組成代表隊參與國際賽，不過由於她們直到現在其實也只是法國海外領土法屬玻里尼西亞的其中一個島嶼，所以當時還沒有國際足聯獨立會員國身分的大溪地，只能以法屬玻里尼西亞的名義出戰，結果以二比二打和紐西蘭。由於大溪地是法國的殖民地，所以跟大部分大洋洲國家不同的是，足球在大溪地比橄欖球更受歡迎，也因此在區內一直是實力和成績都不錯的球隊。

　　大溪地在首三屆大洋洲國家盃都獲得亞軍，首屆更在分組賽擊敗紐西蘭晉級。縱然踏進二十一世紀後，大溪地足球不復舊觀，加上大洋洲各國開始加強足球發展，令大溪地隊在大洋洲區再沒有優勢，雖然在 2002 年的大洋洲國家盃獲得季軍，國際足聯排名也因此一度升上史上最高的第 118 位，他們卻在六年後的一屆賽事首次無法打進決賽圈。

　　大溪地足球的首個高峰在 2012 年出現，就是他們首次奪得大洋洲國家盃冠軍，得以代表大洋洲參與 2013 年洲際國家盃。其實大溪地能夠奪冠，固然是他們在這屆比賽發揮得不錯，不過也是運氣占了不少比重。大溪地在分組賽三戰全勝以首名身分晉級，在四強賽以一比零擊敗地主國索羅門群島。幸運的事是紐西蘭竟然在另一場四強賽不敵新喀里多

尼亞，為大溪地清除了奪冠的最大障礙。大溪地也在決賽爭氣，再以一比零擊敗新喀里多尼亞成為冠軍。

　　大溪地參與洲際國家盃一度成為國際媒體密切關注的焦點，他們在分組賽跟歐洲盃冠軍兼世界盃冠軍西班牙、美洲盃冠軍烏拉圭和非洲盃冠軍奈及利亞同組，基本上齊集除了地主國巴西之外的所有參賽強隊，對於大溪地隊來說既是幸運也是災難。雖然在獲得洲際國家盃參賽資格後，大溪地足協邀請在法甲征戰多年，從小便移民法國的前鋒 Marama Vahirua 加入，不過由於其他球員都是業餘球員，水平跟國際大賽相差太遠，所以只能成為同組對手的大餐。首戰對奈及利亞只踢了五分鐘便輸了烏龍球，縱然 Jonathan Tehau 下半場為大溪地射進首個國際大賽決賽圈的進球，可是及後他自己卻送出烏龍，最終大溪地以一比六大敗。

　　及後兩場比賽的對手是更強的西班牙和烏拉圭，大溪地的處境更慘。Fernando Torres 雖然當時已經英雄遲暮，卻很輕易地射進四球，他的搭檔 David Villa 也大演帽子戲法，結果大溪地吞了十隻西班牙光蛋，追平球隊史上最大敗仗紀錄。在最後一場分組賽，大溪地再被烏拉圭前鋒 Abel Hernandez 獨取四球，再吞了八隻光蛋。結果大溪地以三戰全敗，進一球失二十四球的國際足聯成年隊大賽決賽圈的最差成績完成他們的夢幻之旅。當然，這樣的結果也是世人在賽前便預計得到，大溪地球員也不會計較勝負，只是全心享

受跟世界級球星交手的寶貴時光，所以不僅獲得地主國球迷支持，也令 Torres 和 Villa 稱許大溪地是相當有體育精神的對手。

可惜大溪地足球並沒有因為洲際國家盃的洗禮而發展得更好，在 2016 年大洋洲國家盃分組賽，他們在首戰「只能」以四比零「輕取」區內的弱旅薩摩亞，及後兩場比賽都打和，最後一場分組賽更是完場前取得進球才逼和新喀里多尼亞。不過大溪地因為得失球差不及新喀爾多尼亞，只能成為小組第 3 名而出局，然後在 2018 年世界盃資格賽也不敵索羅門群島無緣晉級，一年後的太平洋運動會足球項目也是在分組賽便出局。

受肺炎疫情影響，大溪地隊在 2019 年夏天舉行的太平洋運動會後便沒有比賽，直到 2022 年 3 月移師到卡達舉行的世界盃資格賽才有望亮相。對於這支沒落待興的球隊而言，接近兩年沒有比賽令他們更難以爭取好的成績。

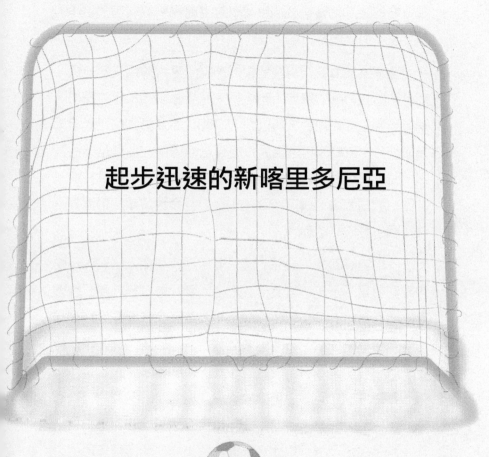

起步迅速的新喀里多尼亞

　　所以學無前後，達者為先，在足球世界也一樣，只要發展得好的話，就算是後進也可以趕過前輩。位於南太平洋的新喀里多尼亞便是其中一個例子。

　　新喀里多尼亞跟曾經參與過洲際國家盃的大溪地一樣，都是法國在海外的屬地。新喀里多尼亞在 1998 年才獲得法國給予獨立政治地位，所以到了 2004 年才獲國際足聯承認為會員國，2006 年世界盃資格賽是他們首次參與世界盃賽事。由於大洋洲足球實力相對較弱，連老大哥紐西蘭打進決賽圈也相當困難，所以新喀里多尼亞至今也沒參加過世界盃決賽圈也是自然的事。

　　不過話說回頭，雖然新喀里多尼亞只是加入了國際足聯大家庭不足二十年，其實早於沒有國際足聯會籍前便已經參與區內賽事 (也只能夠跟區內國家隊交手)，甚至在大洋洲國家盃有不錯的成績。新喀里多尼亞在首兩屆大洋洲國家盃獲得季軍，往後雖然遇上接近二十五年的低潮，卻在 2007 年南太平洋運動會足球項目大放異彩，以四勝一和成績首次奪得冠軍，然後在 2008 年的大洋洲國家盃首四場賽事取得兩勝兩和，縱然及後兩場比賽都輸球而出局，新喀里多尼亞以這一波佳績得以在國際足聯排名升上第 95 位，是繼澳洲、紐西蘭和斐濟後第四個登上國際足聯排名一百位以內的大洋洲會員國。

　　新喀里多尼亞自 2007 年奪得南太平洋運動會足球項目金牌後，便開始成為其中一支大洋洲最具實力的球隊，他們在 2008 年和 2012 年連續兩屆大洋洲國家盃都只是輸給紐西蘭屈居亞軍，到了 2016 年一屆，他們在分組賽跟地主國巴布亞新幾內亞同分，最終以得失球差不及對方屈居小組次名，令他們在四強賽便跟紐西蘭交手，結果還是落敗，沒能晉級決賽。而在 2019 年大洋洲運動會足球項目上，新喀里多尼亞也打進決賽，這次又是輸給紐西蘭（這次是 U23 隊）屈居亞軍。新喀里多尼亞在可見的將來也是紐西蘭於區內其中一支最有威脅的競爭對手。

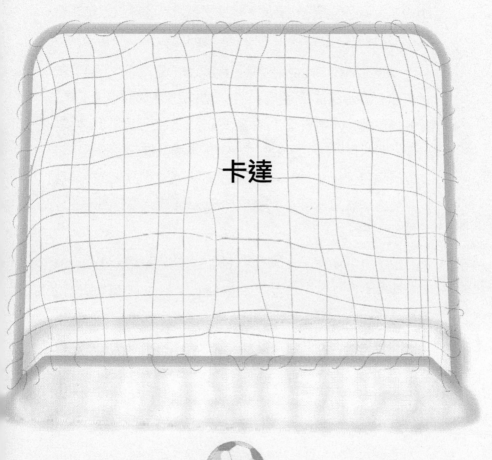

卡達

　　2022 年世界盃決賽圈將在中東國家卡達舉行，也是這個小國首次參與世界盃決賽圈。這支號稱紅軍的球隊近年突然成為亞洲豪強，全是錢財和努力換來的成果。

　　卡達雖然在十九世紀中葉已經獨立成國，到了 1940 年代該國發現有石油，然後吸引了外國的採探工人到該國工作，才將足球運動帶到該國，首次組成國家隊參賽已經是 1970 年的事，首戰以一比二不敵鄰國巴林。卡達一直只是亞洲足壇的三流角色，在 1980 年首次參與亞洲盃決賽圈，此後一直都能打進決賽圈，除了 1996 年一屆，不過大部分都是在分組賽便出局。

　　到了 1989 年，卡達國家隊的成績開始有顯著進步，他們幾乎能打進 1990 年世界盃決賽圈，可是在最後階段分組賽以 1 分之差屈居敵國阿聯之下無緣晉級。卡達在 1990 年首次打進阿拉伯地區的賽事海灣盃決賽，兩年後的一屆更首次奪冠。在 1998 年世界盃資格賽，卡達只要在最後一場賽事主場擊敗沙烏地阿拉伯，便可以獲得決賽圈入場券，可是最終落敗再次飲恨。

　　踏進二十一世紀，卡達仍然是亞洲二線球隊，偶爾可以打進世界盃資格賽最後階段，但總是跟晉級有一段明顯距離。卡達在 2000 年亞洲盃首次打進八強，繼而在 2005 年嘗試利誘 Ailton 等三名跟他們根本沒有關係的巴西球員歸化，不過因為國際足聯不允許而作罷。可是卡達並沒有放棄任何能

夠把自己推上國際足壇最高舞台的機會，先是獲得 2011 年亞洲盃決賽圈主辦權，繼而不明所以地獲得 2022 年世界盃決賽圈主辦權，國際足聯主席 Sepp Blatter 和歐洲足聯主席 Michel Platini 等多名國際足壇領導層後來因為從卡達獲得主辦權受賄而下台，不過並沒有動搖卡達成為地主國的決定，甚至為了避開卡達的炎熱天氣而把決賽圈延期到十一月末才開打。

卡達雖然是 2011 年亞洲盃決賽圈地主國，不過也只能在八強行人止步，於是卡達努力歸化在該國聯賽效力的南美和葡萄牙球員，令球隊實力大增，從而令卡達從 2015 年亞洲盃三戰皆北出局，變為在 2019 年決賽技術性擊倒日本隊的豪強。而且卡達為了備戰世界盃，近年還不斷以金錢利誘其他洲分的足協發外卡給他們參與大賽，在 2021 年中北美洲金盃賽更打進四強。不過卡達隊的實力始終跟世界頂級球隊有差，所以在 2019 年美洲盃和跟世界盃歐洲區資格賽的球隊比賽的成績都不怎麼樣。到底卡達會否成為世界盃史上成績最不濟的地主國，在 2022 年十二月便有分曉。

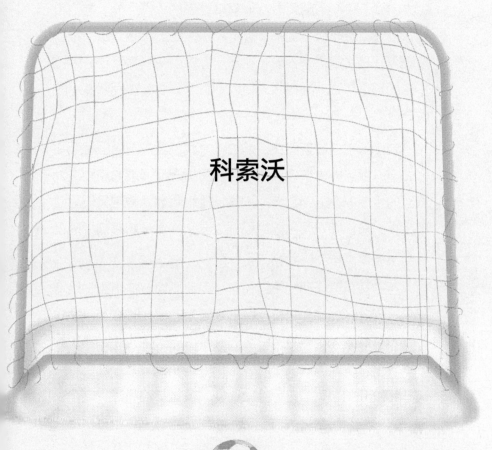

科索沃

　　每當提及「科索沃」，相信不少人的第一印象便是「南斯拉夫內戰」和「種族清洗」，確實這地區的人民經歷了數十年的主權爭議甚至戰爭洗禮，近年才爭取到局步獨立國地位以及和平日子也是得來不易。在足球世界中，科索沃也是經過不斷的努力爭取才獲得今天得以參與世界盃和歐洲盃賽事的成果。

　　科索沃在二戰期間被併進由義大利控制的阿爾巴尼亞，形式雙方關係非常密切，也是今天阿爾巴尼亞成為該國最大族群的主因。在 1942 年，科索沃組織代表隊跟阿爾巴尼亞踢比賽，藉此慶祝阿爾巴尼亞獨立三十周年，結果這場被視為科索沃史上首場比賽以 1：3 告負。

　　二戰後科索沃回歸南斯拉夫，令他們暫時退出國際足壇舞台，部分球員便成為南斯拉夫球員，包括 1991 年協助貝爾格萊德紅星奪得歐冠的門將 Stevan Stojanovic。南斯拉夫內戰爆發後，科索沃雖然名義上仍然是一部分，不過已經組織球隊跟兄弟國阿爾巴尼亞踢比賽。及後爆發科索沃戰爭，令科索沃的球員散落阿爾巴尼亞和瑞士等地，部分更轉為收留他們的國家的國腳。

　　戰後科索沃成為由聯合國管轄，也開始獨立建國之路，於是科索沃足球代表隊開始在國際足壇蠢蠢欲動，在 2007 年更與沙烏地阿拉伯踢比賽。不過由於主權問題相當敏感，就算在 2008 年終於宣布獨立並立即申請加入國際足聯，國際

足聯仍然否決申請，甚至表明不容許其他會員國跟科索沃比賽。

到了 2012 年多名祖籍科索沃的阿爾巴尼亞和瑞士國腳，包括 Lorik Cana、Xherdan Shaqiri 和 Granit Xhaka 聯署當時的國際足聯主席 Sepp Blatter，要求准許科索沃踢友誼賽，結果科索沃在 2013 年 2 月獲准比賽，但不容許展示國旗。

2014 年 3 月，科索沃參與獨立後首場國際賽，結果以 0：0 打和海地。2015 年下旬，科索沃終於接連獲國際足聯和歐洲足聯承認加入，祖籍科索沃的球員可以選擇從阿爾巴尼亞或瑞士等國家隊「轉投」科索沃，Xhaka 兄弟和 Shaqiri 等成名球星卻選擇不加入。

於是科索沃在艱苦之下成軍，首次參與的大賽是 2018 年世界盃資格賽，並於首仗以 1：1 打平芬蘭，可是之後九場比賽全敗，結果以最後一名完成賽事。繼而科索沃參與首屆歐洲國家聯賽，由於他們是新軍，所以國際足聯排名很低，因此只能參與最低級的 D 級聯賽，卻在分組賽獲得冠軍，從而獲得參與 2020 年歐洲盃資格賽附加賽資格。

科索沃在 2020 年歐洲盃資格賽成績也不錯，更一度作客令英格蘭吃盡苦頭。可惜他們在歐洲盃資格賽以第三名完成，而且在附加賽首圈也以 1：2 不敵北馬其頓出局。

　　無緣參與 2020 年歐洲盃決賽圈後，科索沃的成績回落，在歐洲國家聯賽 C 級聯賽無法爭取升級，在 2022 年世界盃資格賽也 1 勝 2 和 5 負成績排在小組最後一名。科索沃在新一屆的歐洲國家聯賽與希臘、北愛爾蘭和塞普勒斯對愛沙尼亞的附加賽勝方同組，在跟對手實力接近之下或許可以再創佳績。

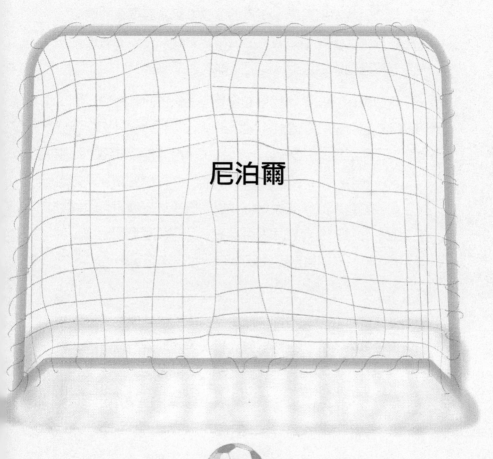

尼泊爾

　　台灣在 2022 年世界盃資格賽面對尼泊爾兩戰皆北，曾經令台灣足壇感到驚訝，感慨於這是本來應該要贏的弱旅，最終卻狠狠地被對手擊敗。尼泊爾足球誠然在亞洲區也不是強隊，不過他們也曾經是南亞足球的翹楚。

　　尼泊爾在 1920 年代已經舉行有組織的足球運動，到了 1951 成立足協，三年後加入亞洲足聯成為會員，1970 年成為國際足聯成員。在 1972 年，尼泊爾首次參與國際賽，結果以 2：6 不敵中國。尼泊爾於 1980 年代中期開始獲得國際足聯以金錢和派遣教練支援足球發展，國際賽成績大有改善，在 1984 和 1993 年兩屆南亞運動會足球項目奪得金牌，更於 1980 年代末期與丹麥和蘇聯等歐洲球隊交手。

　　可惜到了 2000 年代，尼泊爾足協一度因為政府干預事務而遭國際足聯禁賽兩年，加上走出南亞區之後總是迎來連場大敗，導致足球發展停滯，戰績也大不如前。直到 2015 年，尼泊爾足球才開始復甦，在兩年內贏得孟加拉邀請賽、亞足聯團結盃冠軍和南亞運動會足球項目金牌，在 2016 年八場比賽都沒輸過。

　　雖然尼泊爾始終跟亞洲盃和世界盃決賽圈有不少的距離，至少在 2019 年亞洲盃和 2022 年世界盃資格賽都沒有太多大敗的比賽。在 2022 年世界盃資格賽，尼泊爾兩場面對台灣的賽事都以 2：0 勝出，面對分組賽最強的對手澳洲，尼泊爾也只是以 0：5 和 0：3 敗陣。

在 2021 年南亞足球錦標賽，尼泊爾在小組賽以 2 勝 1 和 1 負成績打進決賽，最終在決賽不敵印度無緣封王。在 2022 年初，尼泊爾在主場跟非洲球隊模里西斯踢友誼賽，兩場比賽都以 1：0 贏球，對他們來說是一個相當好的開始。

芬蘭

芬蘭在 2020+1 年歐洲盃終於首次打進大賽的決賽圈，也是這個多年來一直被瑞典和俄羅斯壓在腳下的國家，終於等到吐氣揚眉的一刻。

芬蘭曾經是瑞典的一部分，在十九世紀瑞典戰敗後成為俄羅斯旗下的自治國。雖然不是主權獨立的國家，不過芬蘭早於 1907 年便成為國際足聯成員，並在 1912 年奧運足球項目擊敗義大利和宗主國俄羅斯，可惜在銅牌戰落敗無緣獎牌。芬蘭在 1917 年趁著俄國大革命之機獨立建國，並於 1938 年世界盃資格賽首次參與，可惜沒能入圍。由於芬蘭部分國土位於北極圈，所以冰上曲棍球才是該國最受歡迎的運動，也因此限制了足球運動的發展。及至 1980 年代，芬蘭的足球水平才開始提升。

芬蘭在 1990 年代冒起不少在歐洲主流聯賽球隊效力的球員，比如是 Jari Litmanen、Sami Hyypia、Jonatan Johansson 和 Mikael Forssell 等，可惜他們始終無法打進世界盃和歐洲盃的決賽圈。Litmanen 等人最接近決賽圈的一次是 2008 年歐洲盃，芬蘭在這一屆資格賽擊敗波蘭、比利時和在主場打和葡萄牙，如果在最後一場賽事擊敗葡萄牙便可以晉級，可惜最終只能打和，僅以 3 分之差不敵葡萄牙無緣晉級，他們的國際足聯排名也因為這次資格賽的好成績而一舉升至史上最佳的第三十七位。

可是自從 Litmanen 等人在 2010 年相繼引退後，芬蘭便遇上青黃不接，直到 2020 年歐洲盃資格賽，由於對手普遍來說並不太強，所以縱然兩戰義大利皆北，仍然獲得小組次名，得以壓過希臘和波士尼亞及赫塞哥維那這兩支世界盃決賽圈球隊打進歐洲盃決賽圈。

芬蘭在首戰「作客」丹麥，遇上對手主將 Christian Eriksen 突然心臟衰竭倒下的意外，結果復賽後乘著對手不集中而進球，最終以 1：0 贏球。可惜芬蘭及後接連敗在俄羅斯和比利時腳下，最終成為小組最後一名完成賽事。

到了 2022 年世界盃決賽圈，芬蘭再也不是弱旅，跟波赫和烏克蘭分庭抗禮，可惜最終一戰不敵法國之下，只能以小組第三名完成賽事，無緣連續兩屆大賽決賽圈亮相。不過 Teemu Pukki 在 2021 年 11 月對哈薩克的資格賽梅開二度，一舉以 33 個進球超越 Jari Litmanen 成為國家隊史上首席射手。

新加坡

　　常說在足球世界當中，地大物博人多的國家隊不一定是
強隊，反之國土細小人口不多的國家隊也不全是弱旅。新加
坡國家隊雖然沒參與過世界盃決賽圈，卻曾經多次令強隊吃
盡苦頭。

　　新加坡雖然在 1965 年才獨立建國，此前是馬來西亞甚
至是大英帝國的一部分，不過由於當地的地方意識很強，所
以在 1892 年的時候便已經成立新加坡足聯這組織，並於英
治及馬來西亞聯邦時代便組織新加坡隊參與馬來西亞盃和馬
來西亞聯賽。雖然隊內有部分球員是外援，不過已經被當地
人視為「國家隊」。

　　新加坡足聯在 1950 年代成為國際足聯及亞洲足聯轄下
屬會，從此可以派代表隊出戰國際賽，1960 年亞洲盃資格賽
便是首次參與的大型賽事。可是新加坡就算在 1965 年獨立
後，由於國內足球發展條件還沒成熟，所以仍然只能組織球
隊參與馬來西亞聯賽，世界盃和亞洲盃也一直沒能打進決賽
圈，到了今天還只是在 1984 年亞洲盃以地主國身分參與過
決賽圈一次。新加坡在這一屆賽事開局不錯，先以 2：0 擊敗
印度，可惜後來連續輸給中國和阿聯，最後一場分組賽雖然
打和伊朗，仍然只能在小組排第四名出局。

　　新加坡在 1996 年終於成立職業聯賽 S League，在職業
聯賽的刺激下，新加坡在 1998 年東南亞足球錦標賽首次奪
冠，繼而在二十一世紀多贏三次冠軍。不過新加坡職業聯賽

的發展並不順利，由於隊伍數量不足，所以邀請了韓國、中國、日本和汶萊的球隊參賽，在 2015-20 年期間的六個賽季更被外國球隊壟斷冠軍。

　　幸好在國家隊方面偶爾製造驚喜。在 2007 年亞洲盃資格賽首場賽事，新加坡在主場以 2：1 擊敗伊拉克，伊拉克最終成為那一屆賽事的冠軍，新加坡是唯一贏過他們的球隊。2008 年，新加坡也在友誼賽主場以 0：0 打和澳洲。近年最出色的一戰就是 2018 年世界盃資格賽，新加坡作客日本竟然以 0：0 打和，成為日本在那一屆賽事資格賽首輪唯一失分的賽事。雖然最終還是沒能參與世界盃決賽圈，不過能夠跟日本和澳洲這些亞洲頂級球隊打平，也算是可以值得稱頌的成績了。

蒙古

　　蒙古帝國曾經是征服歐亞大陸的王者，雖然這個國度早已不是草原霸主，甚至現代的蒙古人也不騎馬了，他們在足球的發展仍然很滯後，不過近年似乎看到一些進步了。

　　從中國獨立出來的外蒙古一直都沒有好好的發展足球運動，雖然在 1960 年已經成立足協，可是除了參與在北越舉行的共產黨盃，在 1998 年成為國際足聯成員前竟然完全沒有參與國際賽。而在 1960 年那一屆共產黨盃，蒙古面對北越、中國和北韓三戰皆北。而在 1998 年成為國際足壇一份子後，他們又只是乖乖的參與世界盃、亞洲盃和東亞盃這些所屬足聯舉辦的比賽，在 2017 年之前，竟然只踢過一場友誼賽，就是在 2000 年以 1：8 大敗在烏茲別克腳下。從 1998 年亞運會足球項目資格賽開始，蒙古在最初的十四場比賽都輸，到了 2001 年的世界盃資格賽最後一場賽事，才作客以 2：2 打和孟加拉終止連敗。

　　蒙古國家隊在 2004 年亞洲盃資格賽取得不錯的成績，他們以 5：0 大勝關島，然後跟地主國不丹打和，可是因為得失球差不及不丹而出局，是他們首次參與大賽沒有敗陣。在 2005 年東亞盃資格賽上，蒙古更首次打平台灣隊。

　　近年蒙古足協很積極發展足球運動，除了改革國內聯賽，聯賽球隊願意聘用更多擁有職業球員經驗的外援，雖然水平放諸國際足壇水平是不值一提，不過也能為本土球員創造更多磨練的機會。國家隊層面上則比以往積極，從 2017 年起

定期舉辦友誼賽，在 2018 年作客打和馬來西亞，2019 年作客擊敗寮國和打和柬埔寨，都是努力換來的成果。

在 2018 年的東亞盃首輪資格賽，蒙古更以 2 勝 1 和成績首次從資格賽突圍，縱然在第二輪面對台灣、香港和北韓都輸球，至少每場比賽都有進球。2022 年世界盃亞洲區資格賽，蒙古在首輪總比數淘汰汶萊，次輪雖然兩戰日本慘吞 20 隻光蛋，卻在主場擊敗緬甸，以及在日本中立場擊敗吉爾吉斯，以較佳得失球差壓倒緬甸，首次不用在資格賽排最後一名。

蓋亞那

　　在馬拉松界有一句經典諺語，就是「只要能夠完成比賽就是勝利」。巴西獲稱為「足球王國」，除了因為曾經贏過五次世界盃冠軍，而且也是唯一沒缺席過世界盃決賽圈的球隊。只要持續參與比賽就一定能夠持續進步，不過對於蓋亞那國家隊來說，恆常參賽似乎並非必然。

　　蓋亞那還是英屬蓋亞那的時候便已經組織代表隊參與國際賽，他們在 1905 年首次跟另一個英國殖民地千里達及托巴哥比賽，結果以 1：4 輸球。然後他們的第二場比賽已經是十六年後的事，他們以 2：1 擊敗鄰居蘇里南。兩年後雙方再次交手，這次輪到蘇里南贏球。蓋亞那的第四場比賽又要等到十四年後才再出現，結果兩次踢千里達及托巴哥都落敗。跟著蓋亞那連續七年都沒有比賽，直到 1950 年代才開始有比較多的參加比賽。到了 1966 年蓋亞那脫離英國獨立，他們又有五年的國際賽空窗期，這時他們選擇加入中北美洲足聯，縱然他們的地理位置其實是在南美洲。

　　蓋亞那從 1978 年世界盃一屆開始參與資格賽，當中只有 2002 年一屆退賽沒有參與。至於中北美洲金盃賽，他們也是一直沒能入圍。來自千里達及托巴哥的 Jamaal Shabazz 在 2005 年成為蓋亞那國家隊的總教練，他引進職業球員的訓練系統，令蓋亞那球員的戰鬥力提升，於是在 2006 年錄得十一連勝，當中包括六場加勒比海盃分組賽暨中北美洲金盃資格賽，令他們在國際足聯的排名大幅排升了八十七位。

不過他們在 2012 年 11 月至 2014 年 10 月卻因為足協內鬥而沒有參與國際賽，最後甚至要國際足聯介入，撤換足協領導層才平息，綽號「黃金美洲虎」的蓋亞那才再次回歸國際足壇。

蓋亞那在 2018-19 年的首屆中北美洲國家聯賽取得 3 勝 1 負成績，在撤除 2018 年世界盃中北美洲資格賽最後六強後排名第七位，得以首次晉級中北美洲金盃賽。雖然他們在分組賽不敵美國和巴拿馬，卻能打和老對手千里達及托巴哥，取得參賽以來的第一分。可惜蓋亞那沒能再接再厲，在 2021 年的中北美洲金盃賽資格賽首輪便輸給瓜地馬拉出局，要踏足大舞台又要再次等待機會了。

國家圖書館出版品預行編目資料

小球大世界 / 金竟仔、嘉安、老溫、破風　合著–初版–
臺中市：天空數位圖書　2022.03
面：14.8*21 公分
ISBN：978-986-5575-88-5（平裝）

1.CST：足球　2.CST：通俗作品

528.951　　　　　　　　　　　　　　　111003469

書　　　名：小球大世界
發 行 人：蔡輝振
出 版 者：天空數位圖書有限公司
作　　　者：金竟仔、嘉安、老溫、破風
編　　　審：此木有限公司
製 作 公 司：盈愉有限公司
美 工 設 計：設計組
版 面 編 輯：採編組
出 版 日 期：2022 年 3 月（初版）
銀 行 名 稱：合作金庫銀行南台中分行
銀 行 帳 戶：天空數位圖書有限公司
銀 行 帳 號：006–1070717811498
郵 政 帳 戶：天空數位圖書有限公司
劃 撥 帳 號：22670142
定　　　價：新台幣 470 元整
電子書發明專利第 I 306564 號　　　　版權所有請勿仿製
※　如有缺頁、破損等請寄回更換

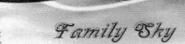

紙本書編輯印刷：
電子書編輯製作：
天空數位圖書公司　E-mail：familysky@familysky.com.tw　http://www.familysky.com.tw/
地址：40255台中市南區忠明南路787號30F國王大樓　Tel：04-22623893　Fax：04-22623863